資金繰りが不安な事業者必見!!

コロナ危機を生き残る!

新型コロナウイルス感染症対応
緊急支援のすべて

JN044608

税理士法人
小山・ミカタパートナーズ
公認会計士・税理士・経済産業省認定支援機関
小山晃弘（監修）

はじめに

　現在、新型コロナウイルスの影響で、世界経済が危機を迎えつつある中、政府主導でできるだけ「早く・手間なく」利用できるように制度設計された、様々な金融支援策が出ています。

　これを受け、日本政策金融公庫等の金融機関もより一層「救済」モードになっています。

　新型コロナの影響を被っている企業を迅速に救済すべく、平時に比べて積極的に融資したり、保証を引き受けたりしています。

　弊社もこれまでたくさんの融資を支援してきましたが、これほど迅速かつ、提出資料も少なく金融支援をしてくれたことはありません。

　ここからも政府主導で実施されている経済対策の心意気が強く感じられます。

　ただし、事業者一人一人が無知のまま窓口に駆け込んでしまうと、せっかくの金融支援の現場が混乱・混雑し、必要な方に十分な資金が回らなくなります。

　無知のまま金融機関へ駆け込んで窓口を混雑させてしまうより、しっかりと基本的な部分を押さえるという気遣いをしてあげてから行った方が、スムーズに広くみんなに資

金が行き渡るので、一人ひとりの意識の持ち用が大切です。

本書では、この混乱・混雑を避けるべく、事業者が必要最低限押さえるべきポイントをできるだけわかりやすく簡潔にまとめました。

実際の資料もふんだんに掲載しておりますので、ご自身のお申し込みにご利用ください。

巷の専門書のように下手に難しい制度を列挙しようとせずに、条件さえ当てはまれば、すべての事業者が申込可能な、今すぐ活用を検討したい融資制度のみに絞って解説しています。

具体的には日本政策金融公庫の「新型コロナウイルス感染症特別貸付」および信用保証協会の保証付融資（セーフティネット保証4号、5号、危機関連保証）にあえて限定して解説したいと思います。**いずれの制度も事業継続3ヵ月以上であれば、利用できるものです。**

もっとも、税金周りの未納がある方、多重債務、自己破産、クレジットカード等の信用情報に問題がある方はご利用いただけない可能性が極めて高いので、ご注意ください。

加えて、執筆段階で施行開始されました持続化給付金及び感染拡大防止協力金（東京都）につきましても利用可能性が非常に高いことから本書に盛り込みました。

そして、最後に補論として市区町村独自の融資斡旋制度

を解説しています。

　今回の未曾有のコロナウイルス感染症についてだけ言えば、一生続く経済危機ではないということです。

　今この火事場を凌ぎさえすれば、通常の経済活動ができる日が来ると思いますので、事業者としては「今この状況下で潰れることがないよう」＝「数ヵ月のうちに現金がなくなって倒産しないように」ということだけを最優先で考えて、早めに銀行融資を活用し、財務強化をしていただければと思います。

税理士法人 小山・ミカタパートナーズ

公認会計士・税理士

経済産業省認定支援機関

小山晃弘

※本書は 2020 年 5 月 12 日現在の最新情報をもとに作成しています。
　ただし、日毎に制度が更新されていますので実際の活用の際には専門家との協議のも
　と、進められることを強くお勧めします。

※なお、商工中金は現在のところ承諾率が低く（下図により6.8％）、公庫のマル経融資は
　商工会議所の経営指導が必要かつ金額も別枠で1,000万円と低いため、本編では詳細な解
　説を割愛しておりますことをご知知ください。

新型コロナウィルスに絡む中小企業に対する資金繰り支援

	申し込み	承諾
日本政策金融公庫 （3月23日時点）	4万6,399件	2万1,915件
商工中金 （4月2日時点）	6,100件	420件
信用保証協会 （4月1日時点）	4万3,779件	3万6,890件

上記より
監修者が承諾率を計算

	承諾率
日本政策金融公庫	47.2%
商工中金	6.8%
信用保証協会（セーフティネット保証・危機関連保証等）	84%

（出典）東京新聞（2020年4月5日朝刊）電子版
　　　　https://www.tokyo-np.co.jp/article/economics/list/202004/CK2020040502000121.html

目次

新型コロナウィルス感染症による業績悪化に対して利用可能な支援制度一覧

【第1章】
●日本政策金融公庫

No.	融資名称	対象業種	判定基準	融資金額	参考URL
1	新型コロナウィルス感染症特別貸付	業種の制限なし	売上▲5%以上	(国民)6,000万円 (中小)3億円	https://ux.nu/JlBhT
2	生活衛生新型コロナウィルス感染症特別貸付	旅館業/飲食店/喫茶店	前年または前々年比5%以上	6,000万円	https://ux.nu/oijrm
3	衛生環境激変対策特別貸付	旅館業/飲食店/喫茶店	前年または前々年比5%以上	1,000万円 旅館業は3,000万円	https://ux.nu/2Gzqf
4	セーフティネット貸付	業種の制限なし	—	(国民)4,800万円 (中小)7.2億円 ※通常融資と同枠	https://ux.nu/0Sq9r
5	マル経融資別枠	業種の制限なし	売上▲5%以上	通常2,000万円 ＋別枠1,000万円	https://ux.nu/vagjs

【第2章】
●信用保証協会の保証付融資

No.	融資名称	対象業種	判定基準	融資金額	参考URL
6	セーフティネット保証4号	業種の制限なし	売上▲20%以上	最大2.8億円	https://ux.nu/7W4if
7	セーフティネット保証5号	原則全業種	売上▲5%以上	最大2.8億円	https://ux.nu/7W4if
8	危機関連保証	業種の制限なし	売上▲15%以上	最大2.8億円	https://ux.nu/7W4if

●商工中金による特別貸付

No.	融資名称	対象業種	判定基準	融資金額	参考URL
9	商工中金による特別貸付	業種の制限なし	売上▲5%以上	3億円	https://ux.nu/5v0qX

【補足】
●市区町村ごとの融資斡旋制度

No.	融資名称	対象業種	判定基準	融資金額	参考URL
10	市区町村ごとの融資斡旋制度				

【第3章】
●持続化給付金

No.	融資名称	対象業種	判定基準	支給金額	参考URL
11	持続化給付金	業種の制限なし	前年同月比で売上▲50%以上	(中小法人等)200万円 (個人事業者等)100万円	https://ux.nu/NDcoB

【第4章】
●東京都感染拡大防止協力金

No.	融資名称	対象業種	判定基準	支給金額	参考URL
12	東京都感染拡大防止協力金	「東京都における緊急事態措置等」により、営業休止要請を受けた対象施設	休業等に全面的に協力した都内中小企業及び個人事業主	50万円 (2事業所以上は100万円)	https://ux.nu/Jgo5Q

※本書では、No.1、6(7)、8、10、11、12を解説しています。
※商工中金は現在のところ承諾率が低く(図により6.8%)、公庫のマル経融資は商工会議所の経営指導が必要かつ金額も別枠で1,000万円と低いため、本編では詳細な解説を割愛しておりますことをご承知ください。

第1章

日本政策金融公庫の
特別貸付制度

概要

　日本政策金融公庫では、新型コロナウイルス感染症の拡大の影響を受け、事業の資金繰り等に困難を抱える事業者の方を対象に、「新型コロナウイルス感染症特別貸付」を行っています。

　以下、概要等を日本政策金融公庫で案内されている「新型コロナウイルス感染症特別貸付」（https://www.jfc.go.jp/n/finance/search/covid_19_m.html）より抜粋、一部加筆し、ご紹介いたします。

新型コロナウイルス感染症
特別貸付について

●制度をご利用いただける方（対象となる方）

　新型コロナウイルス感染症の影響を受け、一時的な業況悪化を来している方であって、次の1または2のいずれかに該当し、かつ中長期的に業況が回復し、発展することが見込まれる方

1. 最近1ヵ月の売上高が前年または前々年の同期と比較して5％以上減少している方

2. 業歴3ヵ月以上1年1ヵ月未満の場合は、最近1ヵ月の売上高が次のいずれかと比較して5％以上減少している方

（1）過去3ヵ月(最近1ヵ月を含みます)の平均売上高

（2）令和元年12月の売上高

（3）令和元年10月から12月の平均売上高

※融資の実行が厳しいと想定される事業者等

①税金の未納がある方（法人税、事業税、所得税、住民税、消費税など）

②多重債務、自己破産、債務整理等をした経験のある方

③CICなどの信用情報に問題がある方（CICを取得していただけますとご自身の信用情報を確認できます）

などの方はご利用いただけません（詳細は、後掲「２.
コロナ対策融資でも借入が難しいとされるケース」を参照
ください）。

　お申込前に事前にご確認ください。

●資金の使途

　新型コロナウイルス感染症の影響に伴う社会的要因等に
より必要とする設備資金および運転資金

●融資限度額

　国民生活事業 6,000 万円（別枠）

　中小企業事業 3 億円（別枠）

●利率（年）

　国民生活活事業 1.36％〜

　中小企業事業 1.11％〜（返済期間等により異なる）

　※詳細は日本政策金融公庫にお問い合せください。

　ただし、国民生活事業は 3,000 万円（中小企業は 1 億円）
を限度として融資後 3 年目までは基準利率 − 0.9％（注）、
4 年目以降は基準利率。

　参考に、国民生活事業からの 3,000 万円以内の借入につ
いては融資後 3 年目までは 0.46％、以降は 1.36％ となります。

なお、3,000 万円を超える借入については当初より 1.36％。

（注）一定の要件を満たす方については、利子補給を受けることで、国民生活事業の場合は 3,000 万円、中小企業事業の場合は 1 億円を上限に当初 3 年間は実質的に無利子でご利用いただけます。基準利率 − 0.9％の部分に対して別途決定される実施機関から利子補給され、当初 3 年間が実質無利子となる予定です。

　詳しくは、後掲（6．【国民生活事業】生活衛生新型コロナウイルス感染症特別貸付等に関するQ＆A）＜無利子化・利子補給について＞参照。

●ご返済期間

　設備資金 20 年以内（うち据置期間 5 年以内）

　運転資金 15 年以内（うち据置期間 5 年以内）

●担保

　無担保

1．申込手続きの流れ

1 申込

①郵送がオススメ

・お申込に必要な書類を準備して、最寄りの支店まで提出します。

・郵送での申込も可能です。

　持ち込むのは窓口の混雑に加担することになってしまうのと、提出までの道のりで新型コロナの感染リスクからしてオススメしません。

※支店の住所及び支店の担当地域は以下の URL からもお調べになれます。

　支店の住所：

　https://www.jfc.go.jp/n/branch/index.html

　支店の担当地域：

　https://www.jfc.go.jp/n/branch/pdf/tenpo01.pdf

②面談予約の電話がかかってくる

※既に公庫からの借入がある場合には、この電話でヒアリングを行っていただき、完了するケースもあります。

2　面談

・資金の使途や事業状況などについてのヒアリングがあります。
・営業状況等が分かる書類などの準備があります。

　通常時は、1時間ほど時間をかけることも多いのですが、今回の面談については、状況によって30分程度で終わるような配慮がなされています。
　質問等も必要最低限に抑え、事業の概要、業況、資金使途、融資商品の説明等となっています。

3　事業所の視察

・通常時の融資だとほぼ行われますが、今回の融資だと省略されるケースもあります。

4　融資

・審査が終了し、融資が決まりますと、借用証書等、契約に必要な書類が送付されます。

・その書類に必要事項を記入し、返信用封筒に入れ、日本政策金融公庫（以下、「公庫」という）へ送付します。
・送付した書類が公庫に到着した3営業日後に、指定した銀行口座へ融資金が振り込まれます。

　現在、窓口はご相談者の方々で非常に混雑しており、土日も問わず公庫の職員の方が総出で対応してくださっているようですが、融資実行までの期間は、それでも、申込書類の提出から融資の実行までは1ヶ月以上はかかると思っておいたほうがいいでしょう。

　既に公庫からの借入がある場合には、1ヶ月以内での実行もあり得ますが、確約できるものではないので、皆さんにできることと言えば、書類の不備や審査担当者の質問が生じてしまうような曖昧な箇所をなくし、スムーズな融資審査に協力して融資までの期間を短くすることになります（状況によっては面談もなく、お電話にて融資実行といったケースもあるようです）。

2. コロナ対策融資でも
　　借入が難しいとされるケース

<NGチェックリスト>

☐	①	税金の未納がある方（法人税、事業税、所得税、住民税、消費税等）
☐	②	多重債務、自己破産、債務整理等をした経験のある方
☐	③	CICなどの信用情報に問題がある方

　通常の銀行融資や公庫の創業融資等であればこの他にも要件があります。

　今回は緊急支援としての性格を持つ融資であり、通常時の融資審査よりもかなりハードルを下げて対応してくださっていますが、それでもなお融資審査に支障が出るケースをお話ししたいと思います。

　なお、実際に支援させていただいている現場感覚や慣行の部分もあり、国や金融機関側も本音と建前上、表立っては言えないこともあるかとは思いますので、その点はご了承ください。あくまで難しいと想定されるケースになります。

　また、実際の融資に際しては金融機関の判断になりますので窓口等でご確認ください。

チェックリスト①
税金の未納がある方
（法人税、事業税、所得税、住民税、消費税等）

　金融機関においては返済可能性を最も重視しているというのは理解していただけると思います。

　また返済可能性を評価するにあたり、「通常支払うべきものをしっかりとルール通りに支払っているか」も当然重視されます。これがまさに税金の納税状況や公共料金等の支払い状況になります。

　金融機関は自らが貸し出した資金が、貸出期間を通じて全額返ってくるか、毎月においては期日通りに支払われるかといった返済可能性を最重視しますが、税金関係や公共料金の支払い状況を見ることが事前にできる最も有効な審査方法だとしています。

　税金に関しては納税の義務という最も重い義務がある中でそれがなされているかどうか、公共料金も同様に支払期日の遅れがないかどうかをチェックしやすい項目になります。

　また、日本政策金融公庫の運営や貸出資金の財源が税金から賄われていることも税金滞納がないかをいの一番にチェックしている理由であるのは言うまでもありません。

「税金を合理的な理由がなく納めていない者に融資はできない」ということですね。

チェックリスト②
多重債務、自己破産、債務整理等をした経験のある方

　公庫の新型コロナウィルス感染症特別貸付やセーフティネット保証等をはじめ、今回の融資制度の趣旨がコロナで被害を被っている事業者の支援と言えども、融資した資金の返済を前提としています。

　ですので、一般的に利息の高い他のローン及び消費者金融からの多額の借入がある場合や、事業の収益だけでは返済できないのほどの多重債務である場合においては、今回の事業融資の返済可能性につき、問題があると判断されかねません。また、直近で自己破産や債務整理をされた方においても、過去にそういった経歴があるということは少なからず審査に影響する可能性があります。

チェックリスト③
CIC などの信用情報に問題がある方

　CIC とは、株式会社シー・アイ・シーが消費者のクレジッ

トやローン利用に関する信用情報の収集・管理・提供・開示を行っており、実務上は、その個人の信用情報のことをCICと呼んでいます。

公庫の借入申込書の2枚目に融資審査にあたり、「2　個人信用情報機関の利用・個人信用情報機関への登録等」としてCICをはじめとする個人の信用情報を取得する旨が記載されています。

公庫におけるお客さまの情報の取扱に関する同意事項

1　お客さまの情報の利用目的

この借入申込書および提出書類によりご提供いただきましたお申込人（法人の場合は代表者の方を含みます。）、そのご家族（法人の場合は代表者の方のご家族）および予定連帯保証人の方の情報の利用目的は次のとおりといたします。

なお、予定連帯保証人ご本人さまに利用目的についてのご同意をご確認ください。ご契約時には、連帯保証人ご本人さまに利用目的についてのご同意を書面にて確認させていただきます。

① お客さまご本人の確認（融資制度等をご利用いただく要件等の確認を含む。）

② ご融資お申込の受付、ご融資の判断およびご融資後・お取引終了後の管理

③ ご契約の締結、法律等に基づく権利の行使や義務の履行

④ アンケートの実施等による調査・研究および参考情報の提供

⑤ 融資制度等のご案内のためのダイレクトメールの発送等（任意）

⑥ ご質問、お問い合わせ、公庫からの照会その他お取引を適切かつ円滑にするための対応

（⑤の利用目的の同意につきましては、任意ですので、同意されない方は、次の□に✓をつけてください（お借入の可否の判断には関係ございません）。

なお、同意されない方で、表面で「事業者サポートマガジン」の配信を希望された日には、「事業者サポートマガジン」に限り配信させていただきます。

□公庫が⑤の利用目的で利用することに同意しません。）

2　個人信用情報機関の利用・個人信用情報機関への登録等

① 公庫が必要と認めた場合、公庫が加盟し利用・登録する個人信用情報機関（注の1）および同機関と提携する個人信用情報機関（注の2）に、お申込人（法人の場合は代表者の方）の個人情報（各機関の加盟会員によって登録される契約内容、返済状況等の情報）が登録されている場合には、それを与信取引上の判断（返済能力の調査または転居先の調査をいう。ただし、返済能力に関する情報については返済能力の調査の目的に限る。以下同じ。）のために利用させていただきます。

② お申込人が、このお申込に関して公庫が加盟し利用・登録する個人信用情報機関を利用した場合には、その利用した日および本申込の内容等が同機関に6ヵ月間登録され、同機関の加盟会員によって自己の与信取引上の判断のために利用されます。

③ このお申込から借入する場合、借入金額、契約締結日および返済状況等の当該借入に関する個人情報が、公庫が加盟し利用・登録する個人信用情報機関に登録され、同機関の加盟会員および同機関と提携する個人信用情報機関の加盟会員によって、自己の与信取引上の判断のために利用されます。

（注）個人信用情報機関の名称、住所、問い合わせ電話番号、加盟資格、会員名等は各機関のホームページに掲載されています。

1　公庫が加盟し利用・登録する個人信用情報機関　株式会社　シー・アイ・シー　（https://www.cic.co.jp/）〔TEL 0120-810-414〕

2　前1の機関と提携する個人信用情報機関　全国銀行個人信用情報センター（https://www.zenginkyoar.jp/pcic/）〔TEL 03-3214-5020〕
株式会社　日本信用情報機構（https://www.jicc.co.jp/）〔TEL 0570-055-955〕

CICではクレジットカードやローン（携帯電話の購入にあたり割賦購入をしている場合にもこちらに記載されてい

ます）の情報が確認でき、融資審査上は、特に支払い遅延をチェックしています。

少し専門的なお話になりますが、遅延等があれば「異動」や「A」、「P」という文字が印字され、これらがあるとCICに問題があると判断されます。あとは遅延の回数や重要性などの程度問題により審査側での判断になりますが、心配な場合は一度ご自身でも取得してチェックされることをお勧めします。

なお、インターネットでも取得できます（https://www.cic.co.jp/mydata/index.html）。

3．申込時に必要な提出書類

【国民生活事業】「新型コロナウイルス感染症特別貸付」のお申込時にご提出いただく書類

個人営業の方	①借入申込書（表面および裏面を両面印刷、または2枚とも出力のうえ、ご提出ください。） ※インターネット申込の場合は、借入申込書は不要ですが、「お申込データ受付確認」の受信メール（印刷したもの）の提出が必要です。	
	②新型コロナウイルス感染症の影響による売上減少の申告書	
	③最近2期分の確定申告書（一式）のコピー（注） （青色申告の方は青色申告決算書、いわゆる白色申告の方は収支内訳書を含みます。）	
	現在お取引がない方	④ご商売の概要（お客さまの自己申告書）
		⑤運転免許証（両面）またはパスポート（顔写真のページ及び現住所等の記載のあるページ）のコピー
		⑥許認可証のコピー（飲食店などの許可・届出等が必要な事業を営んでいる方）
法人営業の方	①借入申込書（表面および裏面を両面印刷、または2枚とも出力のうえ、ご提出ください。） ※インターネット申込の場合は、借入申込書は不要ですが、「お申込データ受付確認」の受信メール（印刷したもの）の提出が必要です。	
	②新型コロナウイルス感染症の影響による売上減少の申告書	
	③最近2期分の確定申告書・決算書のコピー（勘定科目明細書を含みます。）	
	現在お取引がない方	④法人の履歴事項全部証明書または登記簿謄本（原本）
		⑤ご商売の概要（お客さまの自己申告書）
		⑥代表者の運転免許証（両面）またはパスポート（顔写真のページ及び現住所等の記載のあるページ）のコピー
		⑦許認可証のコピー（飲食店などの許可・届出等が必要な事業を営んでいる方）

（注）税務申告が1期しか完了していない方は1期分をご準備ください。事業をはじめて間もない等で税務申告未了の場合はご提出の必要はありません。
※上記のほかに、ご面談の際に帳簿等の資料のご提出をおねがいしています。
※設備資金をお申込の場合は、見積書等ご提出ください。

┌───┐
法人の履歴事項全部証明書・登記簿謄本はオンラインや郵送でも申請いただけます。
詳しくは法務省ホームページ（http://www.moj.go.jp/MINJI/minji03_00003.html）をご覧ください。
└───┘

（出典）日本政策金融公庫
　　　　https://www.jfc.go.jp/n/service/pdf/covid_19_info.a.pdf

　以下、各提出書類につきまして、注意すべき点を順に見ていきましょう。

　なお、弊社にご相談いただけますと、必要な提出書類において注意すべき点をより具体的にアドバイスさせていただくとともに、よりスムーズに、迅速に手続きが進むよう

「制度利用可否判定シート〜売上と運転資金の実績および今後の見込み」という弊社オリジナルの書類（エクセルデータに御社の数字を入力していただく方式。参考資料として金融機関に提出も可能です）を作成いただくことで、借入希望金額等の適切なアドバイスもいたします。

●借入申込書（①）【記入例】

借入申込書は、裏面 の「公庫におけるお客さまの情報の取扱に関する同意事項」にご同意のうえ、ご記入ください。

借 入 申 込 書
（一般貸付・特別貸付／生活衛生貸付用）
株式会社日本政策金融公庫
（国民生活事業）

受付月日 _____
受付番号 _____

お申込人名

フリガナ コウカワ ショウテン
法人名・商号（屋号）（ゴム印でもかまいません。）
株式会社 甲川商店

フリガナ コウ カワ タ ロウ
個人事業主の方・法人代表者の方のお名前
（自署であればゴム印は使用しないでください。）
甲川太郎

個人事業主の方・法人代表者の方の
性別 （男）・女
生年月日 大・昭・平・令 46年 11月 ✕日

本店所在地
〒100-0004 (03)-3270-(XXXX)
フリガナ チヨダク オオテマチ
千代田区大手町 1-9-4 所有・借用
ビル・マンション名（　）　号室

営業所所在地
〒 □□□-□□□□ ( )-( )-( )
同上 所有・借用
ビル・マンション名（　）　号室

お申込人または法人代表者の方のご住所
〒160-0023 (03)-3342-(XXXX)
フリガナ シンジュクク ニシシンジュク
新宿区西新宿 1-14-9 所有・借用
ビル・マンション名（ 西新宿ハイツ301 ）号室

携帯電話 お申込人・代表者の方（ 090)-(1234)-(XXXX)

メールアドレス kougawa @ xxx.xx.xx

上記メールアドレスに「事業者サポートマガジン」のメール配信を希望します。

お申込金額	500 万円
お申込希望日	4 月 7 日

ご希望の返済期間	5 年	元金 ①希望なし ②据置 1 ヶ月 月まで希望

毎月のご返済希望日：5日・10日・（15日）・20日・25日・末日（金融機関によっては、ご利用いただけない日があります。）

ご返済金のお支払方法：口座振替（ ○○○○ 銀行・（信組））信用組合・労働金庫）

資金のお使いみち	運転資金 200 万円	設備資金 300 万円

（該当する項目に○を付けてください）
①商品、材料仕入
②賃借、手形決済
③諸経費支払
④（　）

①店舗・工場
②機械設備
③車両
④その他

当公庫との取引歴　有・（無）

A群 ①公庫 ②商工会議所・商工会 ③生衛組合・指導センター ④金融機関等 ⑤取引先 ⑥同業者、知人 ⑦中小企業支援センター ⑧地方公共団体 ⑨その他
B群 ①口コミ ②ホームページ ③相談会 ④セミナー・イベント ⑤会議誌 ⑥新聞、報道、メールマガジン ⑦新聞、雑誌等のメディア

（注）原則として、他の金融機関の借入金のお借替えにはご利用いただけません。

創業年月 明・大・昭・（令） 10 年 4 月 ・創業予定
（個人で創業された方は、法人を設立された方は、個人で創業された方）

業種 菓子製造業（卸） 従業員数 4 人（家族従業員を含みます）

お申込人または法人代表者の方のご家族

続柄	お名前	年齢	ご職業・学年
妻	フリガナ コウカワ カズコ 甲川 和子	38	家業
長男	〃 カズオ 一夫	13	中学1年
長女	〃 チヨコ 小夜子	11	小学5年
二男	〃 ジロウ 二郎	9	小学3年
	フリガナ		

担保・保証の条件をご選択ください。

A・B いずれかのチェック欄□に✓印をお付けください。
また、法人のお客さまで法人代表者の方が連帯保証を希望されない場合は C のチェック欄□に✓印をお付けください。
（選択された内容により、適用される利率が異なります。）
他にも無担保・無保証人の制度がございますので、くわしくは、公庫の窓口までお問い合わせください。

A 担保の提供を希望しない。		B 不動産等の担保の提供などを検討する。
新たに事業を始める方税務申告を2期終えていない方 ＜新創業融資制度（注1）＞ ＜無担保・無保証人＞（原則） チェック欄 □	税務申告を2期以上行っている方 担保を不要とする融資（注2）〈法人：無担保・代表者保証（原則）〉〈個人：無担保・無保証人（原則）〉 チェック欄 ✓	（根）抵当権の設定等の手続が必要です。 チェック欄 □

C 「経営者保証免除特例制度」（法人代表者の方の連帯保証を不要とする制度）を希望する。（注3） チェック欄 □

（注1）ご利用には一定の要件に該当することが必要です。くわしくは、支店の窓口までお問い合わせください。
（注2）これまでの事業実績や事業内容を審査のうえ、所得税を確定していることを確認させていただきます。
（注3）原則として、税務申告を2期以上行っていること、法人・個人の一体性の解消が図られていること、財務状況における一定の要件を満たすことなどの要件が必要です。また、当該制度を適用する場合は、一定の利率が上乗せされます。

法人代表者の方で経営者保証免除特例制度を希望されない場合は 裏面 の「連帯保証に関するご案内」を必ずお読みください。

（国民生活事業取扱）100-1105（2.2）① 100 オビ

（出典）日本政策金融公庫
https://www.jfc.go.jp/n/service/pdf/kinyurei190701.pdf

公庫におけるお客さまの情報の取扱いに関する同意事項

1 お客さまの情報の利用目的

この借入申込書および提出書類によりご提供いただきましたお申込人(法人の場合は代表者の方を含みます。)、そのご家族(法人の場合は代表者の方のご家族)および予定連帯保証人の方の情報の利用目的は次のとおりといたします。

なお、予定連帯保証人ご本人さまに利用目的についてのご同意をご確認ください。ご契約時には、連帯保証人ご本人さまに利用目的についての同意を書面にて確認させていただきます。

① お客さまのご本人の確認(融資制度等をご利用いただく要件等の確認を含む。)
② ご融資のお申込の受付、ご融資の判断およびご融資後・お取引終了後の管理
③ ご契約の締結、法律等に基づく権利の行使や義務の履行
④ アンケートの実施等による調査・研究および参考情報の提供
⑤ 融資制度等のご案内のためのダイレクトメールの発送等(任意)
⑥ ご質問、お問い合わせや、公庫からの照会その他お取引を適切かつ円滑にするための対応

> ⑤の利用目的の同意につきましては、任意ですので、同意されない方は、次の□に✓をつけてください(お借入の可否の判断には関係ございません。)。
> なお、同意されない方で、表面で「事業者サポートマガジン」の配信を希望された方には、「事業者サポートマガジン」に限り配信させていただきます。
> □公庫が⑤の利用目的で利用することに同意しません。

2 個人信用情報機関の利用・個人信用情報機関への登録等

① 公庫が必要と認めた場合、公庫が加盟し利用・登録する個人信用情報機関(注の1)および同機関と提携する個人信用情報機関(注の2)に、お申込人(法人の場合は代表者の方)の個人情報(各機関の加盟会員によって登録される契約内容、返済状況等の情報)が登録されている場合には、それを与信取引上の判断(返済能力の判断や転居先の調査または転居先の調査をいう。以下同じ。)のために利用させていただきます。ただし、返済能力に関する情報については返済能力の調査の目的に図る。以下同じ。)のために利用させていただきます。
② 公庫が、このお申込に関して公庫が加盟し利用・登録する個人信用情報機関を利用した場合には、その利用した日および本申込の内容等が同機関に6ヵ月間登録され、同機関の加盟会員によって自己の与信取引上の判断のために利用されます。
③ このお申込により公庫から借入する場合、借入金額、契約締結日および返済状況等の当該借入に関する個人情報が、公庫が加盟し利用・登録する個人信用情報機関に登録され、同機関の加盟会員および同個人信用情報機関の加盟会員によって、自己の与信取引上の判断のために利用されます。

(注) 個人信用情報機関の会員資格、会員名等は以下のとおりです。各機関の会員資格、会員名等は各機関のホームページに掲載されています。
1 公庫が加盟し利用・登録する個人信用情報機関 株式会社 シー・アイ・シー (https://www.cic.co.jp/) 〔TEL 0120－810－414〕
2 前1の機関と提携する個人信用情報機関 全国銀行個人信用情報センター (https://www.zenginkyo.or.jp/pcic/) 〔TEL 03－3214－5020〕
株式会社 日本信用情報機構 (https://www.jicc.co.jp/) 〔TEL 0570－055～955〕

連帯保証に関するご案内

重要な事項が記載されておりますので、次の連帯保証に関するご案内をお読みください。

① 連帯保証人の責務	借主の方に約定どおりご返済いただけない場合、借主の方に代わり、連帯保証人の方にご返済いただくことになります。
② 連帯保証人の特徴	連帯保証人の方は、次の事由がある場合においても公庫からのご返済の請求を拒むことはできません。 ア．公庫が借主の方へご返済の請求を十分に行っていないこと。 イ．借主の方が資産を所有していること。
③ 連帯保証人の責任の範囲	複数の連帯保証人の方がいる場合であっても、連帯保証人の方それぞれが、お借入金、利息および損害金(以下「お借入金等」といいます。)ならびにお借入金等から生じる一切の債務の全額について責任を負担することとなります。
④ 連帯保証契約締結前の承諾事項	・借主の方は、契約締結時までに、連帯保証人の方に借主の方の財産および収支の状況等の内容について情報提供することが法律で定められています(民法第465条の10)。 ・連帯保証人の方は、借主の方から、借主の方の財産および収支の状況等の内容について確認するために必要な資料の提供を受け、ご承諾いただいたうえで、連帯保証していただきます。

添付書類のご案内(個人と法人でお申込時に必要な書類が異なります)

個人営業の方	・企業概要書(はじめてご利用になる方) ・申告決算書 最近2期分	☆ これから創業する方や創業直後で決算がお済みでない方は、創業計画書が必要です。 ☆ 創業計画書の様式は、支店の窓口にご用意しておりますが、お客さまご自身が作成されたものでも結構です。 ☆ 設備資金の場合は見積書、担保をご希望の場合は不動産の全部事項証明書または登記簿謄本等が必要です。 ☆ 必要に応じ、その他の書類をお願いすることがあります。
法人営業の方	・企業概要書(はじめてご利用になる方) ・法人の履歴事項全部証明書または登記簿謄本(はじめてご利用になる方) ・最近2期分の確定申告書・決算書(勘定科目明細書を含む。) ・最近の試算表(決算後6ヵ月以上経過している場合)	
生活衛生貸付をお申込みになる方	上記のほか、原則として都道府県知事の「推せん書」(申込金額が500万円以下の場合は不要です。)または「振興事業に係る資金証明書」	

> このお申込書および法人の履歴事項全部証明書等はお返しできませんので、あらかじめご了承ください。

記入後、表面及び裏面を両面印刷、または2枚とも出力をし、提出の準備をします。

●新型コロナウイルス感染症の影響による売上減少報告書(②)【記入例】

令和　年　月　日

株式会社日本政策金融公庫　御中

（国民生活事業）

> **＜業歴が１年１ヵ月以上の方＞**
> ①と②を比較します。

> **＜月の途中から売上が減少している方・締日が月末でない方＞**
> 起算日が属する月を記載し、当該起算日から１か月の売上高を記載してください。
> （例）３月２５日から４月２４日までの売上高を記載する場合は、「令和２年３月」と記載

新型コロナウイルス感染症の影響による売上減少の申告書

　次表のとおり、新型コロナウイルスの影響により最近１ヵ月の売上高が５％以上減少していることを申告します。

		年月		金額
最近１ヵ月の売上高（①）		令和２年３月	①	1,234 千円
☐ 業歴が１年１ヵ月以上の方				
⇒ 前年（前々年）同期の売上高をご記入ください。				
前年（前々年）同期の売上高（②）		平成31年３月	②	1,567 千円
☐ 業歴が３ヵ月以上１年１ヵ月未満の方				
⇒ 過去３ヵ月間の平均売上高、令和元年12月の売上高または令和元年10月から令和元年12月までの平均売上高をご記入ください。				
過去３ヵ月間の平均売上高（③）			③	1,530 千円
	最近１ヵ月の売上高	令和２年３月		1,234 千円
	２ヵ月前の売上高	令和２年２月		1,567 千円
	３ヵ月前の売上高	令和２年１月		1,789 千円
令和元年10月から令和元年12月までの平均売上高（④）			④	1,699 千円
	令和元年12月の売上高（⑤）		⑤	1,456 千円
	令和元年11月の売上高			1,654 千円
	令和元年10月の売上高			1,987 千円

いずれか一方にチェックしてください。

（注）　1　業歴１年１ヵ月以上の方は、①の金額が②の金額と、業歴が３ヵ月以上１年１ヵ月未満の方は、①の金額が③、④または⑤の金額と比較して５％以上減少している方が対象となります。

　　　　2　確定申告決算書、試算表、売上帳等に基づき正確に記載してください。

　　　　3　後日、公庫から根拠資料の提出をお願いする場合がありますのであらかじめご了承ください。

他の金融機関の借入金のお借換えにはご利用いただけません。

> **＜業歴が３ヵ月以上１年１ヵ月未満の方＞**
> ①と③、①と④または①と⑤のいずれかを比較します。

(2. 3)

（出典）日本政策金融公庫 HP に一部加筆
　　　　https://www.jfc.go.jp/n/service/pdf/covid_19_2_rei_200313a.pdf

【記入上の注意・よくある質問】

（後掲（6.【国民生活事業】生活衛生新型コロナウイルス感染症特別貸付等に関するＱ＆Ａ）及び公庫の担当者へのヒアリングにより筆者加筆）

Q：業歴が１年１ヵ月以上だが、単純な前年同期比だと売上マイナス５％以上要件を満たさない場合は利用できませんか？

A：コロナウイルスによる業績への影響があるにも関わらず、今年の売上が対前年同期比で増加している場合には、前期に比べて当期の売上が増加して然るべき「合理的な理由」（仕入ボリュームが上がった、広告を打った、扱う商材が増えた、稼働を増やした、店舗を倍にした、業種の転換を行った、事業買収したなど）がある場合には、単純な前期比較だと売上が増加する理由を説明することで、以下のその他の減少判定でも申請可能です。

具体的には、**「新型コロナウイルス感染症の影響による売上減少の申告書（②）」の“業歴が３ヵ月以上１年１ヵ月未満の方”** の判定を使用することが可能になります。

つまり、業歴が１年１ヵ月以上の方であっても、上記

のような「合理的な理由」等がある場合には、業歴3ヵ月以上1年1ヵ月未満の場合の売上減少判定にて融資申請が可能な場合があるということです。

実際の適用の際には日本政策金融公庫のご担当者と相談の上、進めてください。

最近1ヵ月の売上高が次のいずれかと比較して5％以上減少している方

（1）過去3ヵ月最近1ヵ月含みます）の平均売上高

（2）令和元年12月売上高

（3）令和元年10月ら12月平均売上高

※こちらにつきましても、弊社にご相談いただいた場合、「制度利用否判定シート～売上と運転資金の実績および今後の見込み」という弊社オリジナルの書類（エクセルデータに御社の数字を入力していただく方式。参考資料として金融機関に提出も可能です）を作成いただくことで、判定ができるようになっております。

●新型コロナウイルス感染症の影響による売上減少報告書（②）【記入例】

令和　年　月　日

株式会社日本政策金融公庫　御中

（国民生活事業）

<業歴が1年1ヵ月以上の方>
①と②を比較します。

<月の途中から売上が減少している方・締日が月末でない方>
起算日が属する月を記載し、当該起算日から1か月の売上高を記載してください。
（例）3月25日から4月24日までの売上高を記載する場合は、「令和2年3月」と記載

新型コロナウイルス感染症の影響による売上減少の申告書

次表のとおり、新型コロナウイルスの影響により最近1ヵ月の売上高が5％以上減少していることを申告します。

	年月	金額
最近1ヵ月の売上高（①）	令和2年3月	① 1,234 千円
□ 業歴が1年1ヵ月以上の方		
⇒ 前年（前々年）同期の売上高をご記入ください。		②
□ 業歴が3ヵ月以上1年1ヵ月未満の方		
⇒ 過去3ヵ月間の平均売上高、令和元年12月の売上高または令和元年10月から令和元年12月までの平均売上高をご記入ください。		
過去3ヵ月間の平均売上高（③）		③ 1,530 千円
最近1ヵ月の売上高	令和2年3月	1,234 千円
2ヵ月前の売上高	令和2年2月	1,567 千円
3ヵ月前の売上高	令和2年1月	1,789 千円
令和元年10月から令和元年12月までの平均売上高（④）		④ 1,699 千円
	令和元年12月の売上高（⑤）	⑤ 1,456 千円
	令和元年11月の売上高	1,654 千円
	令和元年10月の売上高	1,987 千円

いずれか一方にチェックしてください。

1　①の金額が③、④または⑤の金額と比較して5％以上減少している方が対象となります。
2　確定申告決算書、試算表、売上帳等に基づき正確に記載してください。
3　後日、公庫から根拠資料の提出をお願いする場合がありますのであらかじめご了承ください。

他の金融機関の借入金のお借換えにはご利用いただけません。

<業歴が3ヵ月以上1年1ヵ月未満の方>
①と③、①と④または①と⑤のいずれかを比較します。

業歴が1年1ヵ月以上の方であっても、上記のような「合理的な理由」等がある場合には、業歴3ヵ月以上1年1ヵ月未満の場合の売上減少判定にて融資申請が可能な場合がある

(2.3)

（出典）日本政策金融公庫 HP に一部加筆
https://www.jfc.go.jp/n/service/pdf/covid_19_2_rei_200313a.pdf

●【はじめてご利用いただく方】
ご商売の概要（お客様の自己申告書）（④）【記入例】

ご商売の概要（お客さまの自己申告書）　　　〔令和　○　年　○　月　○　日作成〕

☆ この書類は、ご面談にかかる時間を短縮するために利用させていただきます。なお、本書類はお返しできませんので、あらかじめご了承ください。
☆ お手数ですが、可能な範囲でご記入いただき、借入申込書に添えてご提出ください。

お名前　　**（株）○○ストア**

1 企業の沿革・経営者の略歴等

	現在地での営業開始時期	□ 明治　□ 大正　☑ 昭和　□ 平成　□ 令和　**49** 年 **11** 月	公庫処理欄
	年 月	内 容	
企業の沿革	S30年3月	父が個人事業主として創業	
	S40年8月	当社設立	
	S49年11月	現在地へ移転	
	S60年5月	▦▦店を開設	
経営者の略歴	S54年3月	●●高校卒業	
	S54年4月	（株）××スーパー（△△市）スーパー　6年勤務	
	S60年4月	当社入社	
	H12年4月	父が死去したことに伴い、代表者に就任	

過去の事業経験	☑ 事業を経営していたことはない。 □ 事業を経営していたことがあり、現在もその事業を続けている。（　　⇒事業内容：　　　　　　　　　　　　　　） □ 事業を経営していたことがあるが、既にその事業をやめている。　　　　　　　　年　　　月 ⇒やめた時期

実際経営者	☑ お申込人又は法人代表者　　□ その他（　　　　　　　　　　　　　）
関連企業等	企業名 ☑（　○○和子（個人事業）　）代表者名（　　　）　所在地（ ●●県△△市1-14-9 ）
許認可等	□ 特になし　　☑ 有（ 魚介類販売業、食肉販売業 ）（ 乳類販売業、惣菜製造業など ）

2 従業員数

常勤役員の人数 （3人の方のみ）	2 人	従業員以上継続雇用者数※	5 人	（うち家族従業員）	1 人
				（うちパート従業員）	4 人

※最近雇用し、3ヵ月以上継続雇用を予定している者も含みます。

3 お借入の状況（法人の場合、代表者の方のお借入）

お借入先名	お使いみち						お借入残高	年間返済額
□□銀行	□ 事業　☑ 住宅　□ 車　□ 教育　□ カード　□ その他						3,000 万円	180 万円
××ファイナンス	□ 事業　□ 住宅　☑ 車　□ 教育　□ カード　□ その他						100 万円	60 万円
○○銀行	□ 事業　□ 住宅　□ 車　☑ 教育　□ カード　□ その他						30 万円	1 万円

4 取扱商品・サービス

取扱商品・サービスの内容	① 惣菜の販売（日替わりで10種類以上）	（売上シェア	30 %）
	② 鮮魚の販売（毎日地元の市場から仕入）	（売上シェア	25 %）
	③ その他（肉、日用品、雑貨等）	（売上シェア	45 %）

5 取引先・取引関係等

	フリガナ 取引先名 （所在地等（市区町村））	取引年数 シェア	掛取引の割合	うち手形割合 手形のサイト	回収・支払の条件	公庫処理欄
主な販売先	一般個人	年	0 %		即金 日〆　　　　日回収	
		90 %				
	ほか　5 社	10 %	100 %	0 % 日	末 日〆 翌月20 日回収	
主な仕入先	カ）□□チュウオウイチバ （株）□□中央市場	50 %	100 %	0 % 日	末 日〆 翌月25 日支払	
	●●県・□□市	50 %				
	ほか　6 社	50 %	100 %	100 % 90 日	末 日〆 翌月末 日支払	

（日本政策金融公庫 国民生活事業）

（出典）日本政策金融公庫 HP
　　　　https://www.jfc.go.jp/n/service/pdf/covid_19_2_rei_200313a.pdf

【記入上の注意】

・既に公庫とのお付き合いがある方の提出は不要です。

・記載の際にはできるだけわかりやすく記入し、"空白"が
　ないほうが理想です。

　該当がない場合には空白にせず、「該当なし」と記入す
ることで、面談時に「空白ですが、該当はありませんか？」
という無駄なやりとりを省くことができます。

4．面談

　借入申込書等、必要書類を作成し、提出が済むと、次
の段階は、公庫の融資担当者との面談になります。

　公庫の融資は、まず面談を受け、融資担当者が面談をも
とに作成した稟議書と呼ばれる資料を、支店の課長、支店
長等がチェックし、OKとなれば融資が受けられます。

　ただし、通常の創業融資等の場合は、ビジネスモデルを
理解したり、企業の成長性や資金の返済可能性の観点から、
しっかりと面談が行われるのですが、今回の新型コロナウ
イルス感染症特別貸付の面談については、できるだけ迅速
に決裁をしようという配慮があり、必要最低限のヒアリン
グと状況確認で実行の可否を判断してくださっている印象
です。

　弊社も既に本書を発行するまでにたくさんの事業者の本
件の融資実行を支援してきました。

　その経験から、今回の新型コロナウイルス感染症特別貸
付における面談でのポイントは、**「現在どのような状況か、
融資を実行できればしっかりと企業の存続と事業の回復が
見込まれるか」** という点について、事業者自らが、現在の
足元の売上などの経営成績の把握と、将来の資金繰りなど
の財政状況を把握できているのかという点が、重視されて

いると考えます。つまり、**5年先を見越したビジネス云々ではなく、ここ数ヵ月の経営成績と財政状態がどのようになるかが、ちゃんと考えられているかという点がポイント**にあります。

　なお、面談では、提出済みの書類の内容について逐次、質問をされると思っていてください。しっかりと理解しておくことが重要です。**提出書類はコピーをとって面談の際にも手許においておくことをオススメします。**

　面談での一番のポイントは「聞かれたことは、包み隠さず素直に答える」ことです。

　融資を申し込んだのは、顧問の公認会計士・税理士ではありません。事業者本人です。現在の経営状況と融資の必要性、融資されたお金の使い道をはっきりと説明してください。

　なお、面談の際にいわゆる減額要請（融資額2,000万円を希望して1,000万円なら出せますなど）をされることもありますが、押し問答になってゼロ回答の否決だけは避けるように妥協点を見つけながら交渉してみてください。

　弊社にご相談いただけますと、面談時での交渉術、想定される質問等のほか、面談が滞りなく進むよう、注意すべき点などをより具体的にアドバイスいたします。

5. 融資

　融資が決まりますと、契約に必要な書類が送付されます。

　契約手続きが完了いたしますと、希望の金融機関の口座にご融資金が送金されます。

　現時点での新型コロナ対策融資・保証における融資金額は、

・月商の3倍〜

・月の運転資金の3倍〜

　が、おおよその目安という印象です。多くても6倍までという印象です。

6. 【国民生活事業】
生活衛生新型コロナウイルス感染症特別貸付等に関するQ&A(令和2年5月12日現在)

＜融資制度等について＞

Q：新型コロナウイルス感染症特別貸付の概要や融資限度額などを教えてください。

A：新型コロナウイルス感染症の影響を受け、最近の売上が一定程度減少している事業者の方にご利用いただける融資制度です。

災害により被害を受けた方がご利用いただける災害貸付と同様に、ご融資利率が低減され、長期でご返済いただけます。

ご融資限度額は、既存の融資制度の残高にかかわらず別枠で、6,000万円です。このうち3,000万円を限度として、当初3年は災害発生時の融資制度に適用される基準利率から0.9％低減した利率が適用されます。3年経過後は災害発生時の融資制度に適用される基準利率となります。

詳しくはこちら（https://www.jfc.go.jp/n/finance/search/covid_19_m.html）をご覧ください。

Q：新型コロナウイルス感染症特別貸付には申込期限があ
　りますか。また、早く申し込まないと申込受付枠に達
　してしまい、その後の申込受付が断られるといったこ
　とはありませんか。

A：新型コロナウイルス感染症特別貸付に申込期限はござ
　いません。また、本特別貸付は十分な融資規模に対応
　できる予算が手当てされておりますので、ご安心くだ
　さい。

Q：令和２年度の補正予算により、融資制度が拡充される
　と聞きました。拡充の内容を詳しく教えていただけま
　すか。

A：制度拡充の内容については、こちら（https://www.jfc.
　go.jp/n/finance/saftynet/pdf/seidokakujyu_faq_m.pdf）をご
　覧ください。

＜現在ご利用中の方について＞

Q：先日、新型コロナウイルス感染症に関する経営相談窓
　口に相談して、融資をしてもらったばかりですが、新
　型コロナウイルス感染症特別貸付の融資条件に変更し
　てもらえますか？

A：１月29日以降にご利用いただいている方におかれて

は、ご融資時点において一定の要件に該当していれば、ご融資後であっても、ご融資時に遡って新型コロナウイルス感染症特別貸付の融資条件を適用することができます。

お手続きについては、5月上旬以降、順次ご案内を実施しております。

Q：年末に融資をしてもらったばかりですが、新型コロナウイルス感染症の影響で資金繰りが悪化しました。再度、融資の相談はできますか？

A：直近でご利用いただいた方であっても、新型コロナウイルス感染症の影響により、資金繰りに影響が出た場合は、ご相談を承っております。お気兼ねなくご相談ください。

＜創業して間もない方について＞

Q：創業して1ヵ月ですが、新型コロナウイルス感染症特別貸付の融資対象になりますか？

A：誠に申し訳ございません。創業後3ヵ月未満の方は、新型コロナウイルス感染症特別貸付のご融資はご利用いただけません。

創業して間もない方向けの新規開業資金や女性、若者

／シニア起業家支援資金など、お客さまに応じたご融資制度をご案内いたしますので、ご相談ください。

Q：半年前の創業時に融資を受け、返済が始まったばかりです。新型コロナウイルス感染症の影響で、創業時に立てた売上計画の達成が困難になり、資金繰りも悪化しています。追加融資の相談はできますか？

A：ご返済が始まったばかりの方であっても、新型コロナウイルス感染症の影響により、資金繰りに影響が出た場合は、ご相談を承っております。お気兼ねなくご相談ください。

＜ご利用いただける方について＞

Q：ご利用いただける方は「最近1ヵ月の売上高が前年または前々年の同期と比較して5％以上減少している方」とされていますが、新型コロナウイルス感染症の影響でここ2週間で売上が急減しているものの、今月の売上高としては前年または前々年の同期と比較すると増加しています。このような場合は、新型コロナウイルス感染症特別貸付は利用できないのでしょうか。

A：「最近1ヵ月の売上高」は、単純な前年または前々

年同期の月の売上高との比較だけでなく、売上高の確認日を基準として、①確認日の前月の売上高又は②確認日の前日や直近の売上集計日から遡って1ヵ月の売上高を確認させていただきます。

たとえば、確認日が令和2年3月18日の場合は、最近1ヵ月の売上高は、①令和2年2月の売上高又は②令和2年2月18日から令和2年3月17日までの合計売上高などで確認させていただきます。

なお、その際には帳簿等を確認させていただくことがございます。

Q：新型コロナウイルス感染症の影響を受けていますが、最近において、店舗が増加した結果、前年（前々年）同期と単純に比較すると売上が増加しています。このような場合は、新型コロナウイルス感染症特別貸付は利用できないのでしょうか。

A：店舗の増加のほか、合併や業種の転換を行った場合、ベンチャー・スタートアップ企業のように、短期間に売上増加に直結する設備投資や雇用の拡大を行っている場合など、前年（前々年）同期と比較するのが馴染まないときは、業歴3ヵ月以上1年1ヵ月未満の場合に準じ、次の要件で比較できる可能性があ

りますので、お申込やご面談の際にご相談ください。

最近1ヵ月の売上高が、次のいずれかと比較して5
％以上減少している方

　①過去3ヵ月（最近1ヵ月を含む）の平均売上高

　②令和元年12月の売上高

　③令和元年10月〜12月の売上高の平均額

＜申込方法等について＞

**Q：申込書類を揃えましたが、どのように申込したらよいで
すか。また、申込は支店の窓口に行かないといけませんか。**

A：お客さまが事業を営む所在地を担当する支店に郵送でご
提出ください。支店の住所などはこちら（https://www.jfc.
go.jp/n/branch/index.html）、支店の担当地域はこちら（https://
www.jfc.go.jp/n/branch/pdf/tenpo01.pdf）をご覧ください。
なお、ご郵送いただく前に記載漏れや書類の入れ忘れ
がないかを今一度ご確認ください。ご確認にあたって
は、「ご提出書類のチェックリスト」（https://www.jfc.
go.jp/n/finance/saftynet/pdf/checklist.pdf）をご活用ください。

**Q：申込に必要な書類は支店の窓口に行かないともらえま
せんか。**

A：支店の窓口にご来店いただかなくても、ご提出書類・

お申込手続き（https://www.jfc.go.jp/n/finance/saftynet/pdf/covid_19_info_a.pdf）などからダウンロードいただけます。

Q：融資を受けるには**審査は必要**ですか。

A：電話や面談等により、資金のお使いみちや事業の状況などについてお伺いさせていただきます。初めてご利用いただく方については、原則としてご来店のうえご面談いただいております。

審査にあたっては、お客さまのご事情をよくお伺いし最大限の対応を心掛けておりますが、お客様のご希望に添えないこともございますので、ご理解いただきますようお願いいたします。

＜マル経融資、生活衛生改善貸付について＞

Q：新型コロナウイルス感染症関連で拡充された**マル経融資（小規模事業者経営改善資金）の内容を教えてください。また、申込したいのですが、どうしたらよいですか。**

A：ご融資制度の内容は、こちら（https://www.jfc.go.jp/n/finance/search/kaizen_m.html）をご覧ください。

今後のお申込手続きは、最寄りの商工会議所、商工会にご相談ください。

Q：新型コロナウイルス感染症関連で拡充された**生活衛生**

改善貸付の内容を教えてください。また、申込したいのですが、どうしたらよいですか。

A：ご融資制度の内容は、こちら（https://www.jfc.go.jp/n/finance/search/34_eiseikaizen_m.html）をご覧ください。今後のお申込手続きは、ご加入の生活衛生同業組合、もしくは都道府県生活衛生営業指導センターにご相談ください。

＜無利子化・利子補給について＞

Q：新型コロナウイルス感染症特別貸付は「実質的に無利子」と聞きましたが、概要を教えてください。

A：新型コロナウイルス感染症特別貸付は、一定の要件に該当する場合、当初3年間、3,000万円を限度（国民生活事業。中小企業事業においては1億円）として、災害発生時の融資制度に適用される利率から0.9%低減した利率が適用されます。

ご融資後は、利息も含め公庫にご返済いただきますが、後日、低減した利率の利息部分について、お客さまへお返しする、いわゆる利子補給の制度（特別利子補給制度）（注）が政府において設けられることになっており、利子補給を受けることで、当初3年間は実質的に無利子でご利用いただけます。

（注）新型コロナウイルス感染症特別貸付（※１）を受けている方であって、次のいずれかの要件に該当する方が対象となります。

特別利子補給制度の該当者

	小規模事業者（※2）	中小企業者（※2）
個人	要件なし（※3）	売上高▲20％以上（※3）
法人	売上高▲15％以上（※3）	

（※1）特別貸付の要件は、次のとおりです。
新型コロナウイルス感染症の影響を受けて一時的な業況悪化を来し、次のいずれかの要件に該当する方であって、中長期的に業況が回復し発展が見込まれる方
（1）最近１ヵ月の売上高が、前年または前々年の同期と比較して、5％以上減少
（2）業歴が3ヵ月以上1年1ヵ月未満の場合等は、最近１ヵ月の売上高が、次のいずれかと比較して、5％以上減少
　①　過去3ヵ月（最近１ヵ月含む。）の平均売上高
　②　令和元年12月の売上高
　③　令和元年10～12月の平均売上高
（※2）小規模事業者とは、卸・小売業、サービス業は「常時使用する従業員（＊）が5名以下の企業」、それ以外の業種は「同 20 名以下の企業」をいいます。中小企業者とは、この他の中小企業をいいます。
　　　　（＊）労働基準法における「予め解雇予告を必要とする者」
（※3）売上高要件の比較は、新型コロナウイルス感染症特別貸付で確認する最近１ヵ月に加え、その後2ヵ月も含めた3ヵ月間のうちのいずれかの1ヵ月で比較します。

民間金融機関からのお借入にかかる利子補給も含め、特別利子補給制度の具体的な手続きや実施機関などについては、詳細が中小企業庁ホームページ等で公表されるまで今しばらくお待ちください。

（参考）経済産業省のパンフレット「新型コロナウイルス感染症で影響を受ける事業者の皆様へ」
（https://www.meti.go.jp/covid-19/pdf/pamphlet.pdf）

日本政策金融公庫 「新型コロナウイルス感染症特別貸付」 要点まとめ

・必要書類を準備して日本政策金融公庫に持ち込むか郵送する。

・融資がおりるまでおおよそ1ヶ月程度。

・実質無利子化の利子補給の制度は融資をしてもらうのに比べて要件が厳しいので注意。

※返済期間の当初3年間のみ、上限も国民生活事業での借入金額の3,000万円、中小企業事業での借入金額の1億円の部分まで。

・金利も低く、返済期間15年〜据置期間も最長5年と通常の融資に比べてかなり優遇されている。

・単純な売上前年同期比以外でも柔軟に要件判定してもらえる。

・既存の借入とは"別枠"で融資してもらえる。

・補助金や助成金は後から入金されるもの。融資は先に入金してもらえる。
　補助金や助成金を利用する予定でも、おりるまで事業を継続させる体力が必要なので融資はぜひ利用したい。

・回復の見込みがある企業が前提（コロナに関係なく破綻

状態であったり、返済する気がないと借りられない）

・税金の滞納などがある場合には利用不可。

・後述する信用保証協会の保証付融資（セーフティネット
　保証・危機関連保証）との併用も可能。

●新創業融資と特別貸付との比較

【ポイント】
●平常時に使える新創業融資と比較すると、創業計画書などの計画書は必要なく、売
●また、借入金額・金利・借入期間全てにおいて、新型コロナウィルス感染症特別貸付
　利用のしやすさがうかがえる。

日本政策金融公庫	新創業融資
内容	新たに事業を始める方、または事業開始後で税務申告を2期終えていない方向けの無担保無保証人の融資制度
条件	次の1〜3のすべての要件に該当する方 1. 創業要件 2. 雇用創出等の要件 3. 自己資金要件 新たに事業を始める方、または事業開始後税務申告を1期終えていない方は、創業時において創業資金総額の10分の1以上の自己資金(事業に使用される予定の資金をいいます。)を確認できる方
自己資金	新たに事業を始める方、または事業開始後税務申告を1期終えていない方は、創業時において創業資金総額の10分の1以上の自己資金(事業に使用される予定の資金をいいます。)を確認できる方
創業計画書	必要
新型コロナウイルス感染症の影響による売上減少の申告書	必要なし
その他	履歴事項全 通帳 試算表 確定申告書 本人確認書
金額	3,000万円(うち運転資金1,500万円)
期間	運転資金は、5年〜7年 設備資金は、5年〜10年 基本的には、上記で返済期間を選ぶことになります。
利率	基準金利2.56%など ※条件により変動する。
担保	原則不要

減少を示す「新型コロナウイルス感染症の影響による売上減少の申告書」の提出が必要。
方が優遇されており、新創業融資で求められる自己資金要件などもないことから制度の

特別貸付（国民生活事業）
新型コロナウイルス感染症の影響を受け、一時的な業況悪化を来している方であって、中長期的に業況が回復し、発展することが見込まれる方への融資制度
新型コロナウイルス感染症の影響を受け、一時的な業況悪化を来している方であって、次の①または②のいずれかに該当し、かつ中長期的に業況が回復し、発展することが見込まれる方 ①最近1ヵ月の売上高が前年または前々年の同期と比較して**5%以上減少**している方 ②業歴3ヵ月以上1年1ヵ月未満の場合は、最近1ヵ月の売上高が次のいずれかと比較して**5%以上減**少している方 　(1)過去3ヵ月（最近1ヵ月を含みます。）の平均売上高 　(2)令和元年12月の売上高 　(3)令和元年10月から12月の平均売上高
なし
必要なし
必要
明書
章書 免許証など）
6,000万円（別枠）
設備資金 **20年以内**（うち据置期間5年以内） 運転資金 **15年以内**（うち据置期間5年以内）
当初3年間基準金利▲0.9%、4年目以降基準金利 **当初3年国民事業1.36%→0.46%、4年目以降1.36%** ※信用力や担保に依らず一律金利とし、融資後の3年間まで0.9%の金利引き下げを実施。
無担保

第2章

信用保証協会の保証付融資
（セーフティネット保証・危機関連保証）

概要

　事業者が、信用保証協会の「信用保証」を得て、金融機関から融資を受ける仕組みのことを信用保証制度と言います。やむをえぬ事情により、借主である事業者が借入金を返済できなくなったときには、信用保証協会が代位弁済することになるため、金融機関は貸し倒れリスクを低減し（もしくは排除して）、融資の実行ができるようになり、よって事業者が融資を受けやすくなります。

　この制度を利用した融資のことを信用保証協会の保証付融資と呼びます。

　なお、信用保証協会の保証付融資と対比して、金融機関が直接融資することをプロパー融資と呼びます。

　この信用保証協会では、新型コロナウイルス感染症による影響で、経営の安定に支障が生じている中小企業・小規模事業者に対しても保証制度を用意しています。

　これが、セーフティネット保証（4号・5号）、危機関連保証になります。

　日本政策金融公庫（以下、「公庫」という）の新型コロナウイルス感染症特別貸付の際には、直接公庫に申し込めばよかったのですが、こちらの制度は少々複雑になるので注意が

必要です。

●セーフティネット保証・危機関連保証のイメージ

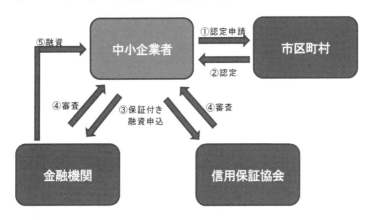

　ここでは主に業種の制限などがない、セーフティネット
4号と危機関連保証について解説します。

「セーフティネット保証」や「危機関連保証」といった制
度が適用されるのは、

① 「原則として最近1か月の売上高等が前年同月に比して
　20％以上減少しており、かつ、その後2か月を含む3か
　月間の売上高等が前年同期に比して20％以上減少する
　ことが見込まれること（危機関連保証は15％以上）」な
　どの各要件に該当する中小企業・小規模事業者で、

②事前に市（区）町村の担当窓口で、いずれかの認定を受

ける必要があります。

③その認定書を持って、保証協会（または金融機関）に行
　くことになります。

　詳しくは、お近くの信用保証協会（https://www.
zenshinhoren.or.jp/others/nearest.html）までお問い合わ
せください。

**※2020年5月1日より、ワンストップ手続きが開始され
ています（詳しくは、P57参照）。**

セーフティネット保証4号・5号

「セーフティネット保証」とは、経営に支障が生じている中小企業・小規模事業者を、一般保証（最大2.8億円）とは別枠の保証の対象とする資金繰り支援制度です。

　今回の新型コロナウイルス感染症による影響を受けている事業者が対象となるのは、

●セーフティネット4号：全都道府県を対象に全業種

●セーフティネット5号：一部例外業種を除く原則全業種

（令和2年5月1日～令和3年1月31日）

　のいずれかに該当し、本店（個人の場合は主たる事業所）の所在地を管轄する市町村長又は特別区長の認定を受けた方になります。

　なお、セーフティネット4号と5号の違いは、

・売上減少要件（4号が20％以上、5号が5％以上）

・保証割合（4号が100％、5号が80％）

であり、それ以外は大きく変わりませんので、以下、その前提で読み進めていただければと思います。

●セーフティネット保証のイメージ

一般保証枠 （2.8億円）	セーフティネット保証枠 （2.8億円） 4号：100%保証（全都道府県） 5号：80%保証（原則全業種） 別枠（2.8億円）は共有	危機関連保証枠 （2.8億円） 危機関連保証：100%保証（全国・全業種）

※保証枠とは、制度上の保証限度額のことです。

（参考）新型コロナウイルス感染症で影響を受ける事業者の皆様へ（経済産業省）
https://www.meti.go.jp/covid-19/pdf/pamphlet.pdf

1. 手続きの流れ

● 「原則として最近１か月の売上高等が前年同月に比して20%以上減少しており、かつ、その後２か月を含む３か月間の売上高等が前年同期に比して20%以上減少することが見込まれること（危機関連保証は15%以上）」などの各要件 **（後述の運用緩和があるので注意）** に該当するかを判定する。

要件に合致している場合には市区町村にて認定を受ける。

※ご利用には、別途、金融機関、信用保証協会による審査があります。

※保証制度の詳細については、お近くの信用保証協会（https://www.zenshinhoren.or.jp/others/nearest.html）までお問い合わせください。

● 2020年５月１日より、民間金融機関においてワンストップで手続きが行えるようになりました。

・メインバンクや取引銀行をお持ちの方

　→メインバンクの金融機関を一元的窓口としてワンストップで効率的、迅速に各種手続きを行うことができます。

・ワンストップ手続きを相談できるメインバンク等をお

持ちでない方（ネットバンク等を含む）

→以下の２つの方法になります。

①少し時間はかかりますが、民間金融機関に口座を
　つくり、ワンストップ手続きを利用する。

②市区町村へ認定申請→最寄りの信用保証協会もし
　くは金融機関へ認定申請を持ち込むといった従前
　の手続きを利用する。

●金融機関によるワンストップ手続きのイメージ

※事業者の利便性の観点から、自治体によっては、スキームの一部が異なる場合もある。

(出典) https://www.meti.go.jp/press/2020/05/20200501008/20200501008-2.pdf

●従前の手続きの流れ

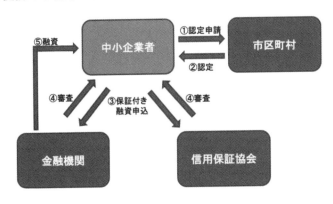

※従来の流れでもワンストップ手続きでもどちらでもご利
　用可能です。

1　市区町村へ認定申請を行う

　まず、要件に該当する中小企業等の方は、本店等（個人事業主の方は主たる事業所）所在地の**市区町村に認定申請**を行う必要がありますので、市区町村の公式ホームページで、認定申請に必要な書類等のダウンロードなどができないか、事前に調べてみましょう。

　市区町村によっては、窓口でしか入手できないところもありますが、市区町村のホームページから事前にダウンロードができるのであれば、必要書類のダウンロード後、事前に記入した上で、窓口に行ったほうがひと手間減らせます。

　ただ、市区町村独自のルールや手続方法が記載されている可能性もありますので、必ず市区町村の公式ホームページを、事前に確認及びチェックするようにしてください。

　インターネットで、例えば「港区　セーフティネット保証」などといったキーワードで検索をすると、該当の公式ホームページや関連サイトを見つけることができます。

　また、このセーフティネット保証4号に関する各市区町村の担当窓口は、「産業振興課」や「商業振興課」といったところが担当となっていることが多いようです。そのた

め、各自の市区町村の役所に到着した際には、まずは案内の方に尋ねてみるか、案内板を見て「産業」や「商業」といった名前がついている課に行ってみましょう。

　なお、従来、認定書の有効期限は発行から30日間とされていましたが、令和2年1月29日から7月31日までに認定を取得した事業者については、認定書の有効期限が令和2年8月31日まで延長されました。

※市区町村の各自治体のセーフティネット保証認定の混雑状況

　各自治体の公式ホームページを見ると、例えば、千葉県市川市では認定書発行まで1週間から2週間程度、東京都北区では即日発行など、各自治体によって差があるようです（2020年4月15日更新情報）。もっとも、各自治体において認定申込者の数に日々違いが出てくるため、致し方ないとも言えます。

> ## 2　最寄りの信用保証協会
> ## 　　もしくは金融機関へ認定申請を持ち込む

　希望の**金融機関又は最寄りの信用保証協会**に認定書を持参し、保証付き融資を申し込みます（事前相談も可）。

市区町村の認定がおりたら、次は、最寄りの信用保証協会もしくは金融機関へ認定申請を持ち込みます。保証協会が先か、金融機関が先かの厳格な順番はありません。

　ただ、ざっくりした認識で言うと、既に融資をお願いしたいメインバンクがある場合にはその金融機関に先に持ち込んだほうがよりスムーズなことがあります。

　一方で、メインバンク等がないケースでは、先に保証協会に持ち込み、審査を受ける中で、金融機関の紹介を受けられるケースがあります。

　この点は、保証協会や金融機関にそれぞれ相談しながら進めるのが得策です。

＜保証協会に直接申し込む場合＞

　保証協会の保証課窓口にて面談の後、申込書を受け取ります。記入した申込書に必要書類を添付し、申し込みを行います。

　保証協会にて審査を受け、保証が適切であると判断された場合、金融機関に融資を斡旋してもらえます。

　その後、金融機関による審査が行われます。

＜金融機関経由で申し込む場合＞

　金融機関の窓口で融資の申し込みと同時に信用保証の申

込手続を行います。

　金融機関が融資が適当であると判断した場合、信用保証委託申込書と信用保証依頼書を保証協会に提出します。

　その後、保証協会による審査が行われます。

3　審査

　セーフティネット保証及び危機関連保証では、信用保証協会及び金融機関による審査があります。

　まず、信用保証協会による審査に通過すると、連絡が入ります。これで信用保証を受けることができましたので、次のステップとして民間銀行などの金融機関と事業者との間で融資の契約を進めることになります。

　ただ、現在は新型コロナ禍の影響で、融資実行（着金）までにはおよそ3ヶ月程度はかかると、みておいたほうがいいかもしれません。

　おおよその目安ですが、公庫の場合、着金までの平均的期間は、初めての融資の方だと約1〜1.5ヶ月かかります。該当の金融機関から、これまでに融資を受けたことがあれば、過去の与信情報があるため着金までの期間が少し早くなることが多いです。

4 融資の実行

　審査に無事通過すると融資の実行になります。

2. セーフティネット保証4号等の利用について

【必要書類】

　セーフティネット保証4号で必要な書類は、まず認定申請書（①）が2部です。この様式は市区町村の各自治体のホームページからダウンロードできますので、事前に記入してから行きましょう。自宅にプリンタがない方は、お近くのコンビニのネットプリントを使えば、印刷することができます。

　なお、本人以外の代理申請の場合は、本人からの委任を受けたということを証明する「委任状」が必要になります。

【参考事例】【港区の場合】

※下記は、あくまでも参考事例とした東京都港区のケースです。

　各事業主の市区町村で個別に異なりますので、直接ご自身の（法人：本店所在地、個人：事務所所在地）市区町村でご確認いただきますようお願いいたします。

●認定申請の必要書類一覧

信用保険法第 2 条第 5 項第 4 号（セーフティーネット 4 号）
認定申請の必要書類一覧

■ 認定申請の必要書類一覧

1	認定申請書（区所定の様式） ※1 通は区の控えとなります ※記入内容の訂正はできませんのでご注意ください。	同じもの 2 通
2	同意書（区所定の様式）	1 通
3	確定申告書・決算書（直近 1 期分）	コピー 1 部
4	確定申告書の表紙部分のコピー ※別表1の1。税務署受付印のあるもの（**電子申請の場合**は税務署受領完了の証明書） ※個人事業者の場合は、確定申告書と損益計算書の表紙のコピー	コピー 1 部
5	法人事業概況説明書（表・裏）（最新のもの）	コピー 1 部
6	登記簿謄本（履歴事項全部証明書）※3ヶ月以内発行のもの ※個人事業者は不要です。	コピー 1 通
7	会社の実印　※個人事業者の場合は個人の実印 ※申請書の書き直しの際に必要となります。	持参してください
8	印鑑証明書	原本 1 通
9	月別の試算表、帳簿等 ※最近 1 か月と、前年同期間 3 か月の月別内訳が確認できるもの）	1 式

〇お申込み方法

ご予約のうえ、必要書類を揃えて、港区役所 3F 産業振興課まで直接お越しください。

港区役所産業振興課 経営相談担当

電話　03-3578-2560・2561

（出典）港区産業振興課 HP
　　　http://www.minato-ala.ne/topics/2020/pdf/0302/ichiran.pdf

●認定申請書

令和　　年　　月　　日

港区長殿

申請者　住　　所
　　　　名　　称
　　　　電話番号
　　　　代表者名　　　　　　　　印

中小企業信用保険法第2条第5項第4号の規定による認定申請書

　私は、＿＿＿＿＿＿＿＿＿＿＿＿の発生に起因して下記のとおり、売上高の減少により、経営の安定に支障が生じていますので、中小企業信用保険法第2条第5項第4号の規定に基づき認定されるようお願いします。

記

1．事業開始年月日　　　　　　　　　　　　　　年　　月　　日
2．売上高等
　（イ）最近1か月の売上高等

$$\frac{B-A}{B} \times 100$$
　　　　　　　　　　　　　　　減少率＿＿＿＿％（実績）

　　　　A：災害時の発生による最近1か月間の売上等　＿＿＿＿＿＿円
　　　　B：Aの期間に対応する前年1か月間の売上等　＿＿＿＿＿＿円

　（ロ）最近3か月間の売上等の実績見込み　　減少率＿＿＿＿％（実績見込み）

$$\frac{(B+D)-(A+C)}{B+D} \times 100$$

　　　　C：Aの期間後2か月間の見込み売上高等　＿＿＿＿＿＿円
　　　　D：Cの期間に対応する前年の2か月間の売上等　＿＿＿＿＿＿円

3．売上高が減少し、または減少することが見込まれる理由

＿＿＿＿＿＿＿＿＿＿＿＿＿＿＿＿＿＿＿＿＿＿＿＿＿＿＿

⋯⋯⋯⋯⋯⋯⋯⋯⋯⋯⋯⋯⋯⋯⋯⋯⋯⋯⋯⋯⋯⋯⋯⋯⋯⋯⋯⋯

令和　　年　　月　　日

申請のとおり相違ないことを認定します。

本認定書の有効期間：令和　　年　　月　　日から令和　　年　　月　　日まで

港区認定第　　　　　号

港　区　長　　武井　雅昭

(出典) 港区産業振興課HP
　　　http://www.minato-ala.ne/topics/2020/pdf/0302/ichiran.pdf

●認定申請書【記入例】

赤枠内が、申請者様のご記入欄です。
※書き方等が分からない場合は、面談の際にご相談のうえ、
ご記入して頂いて結構です。

記入例

令和2年 ● 月 ● 日

港 区 長 殿

申請者 住 所
　　　　 名 称
　　　　 電話番号
　　　　 代表者名
　　　　　　　　　　　　　　　　　印

中小企業信用保険法第2条第5項第4号の規定による認定申請書

　私は、令和2年新型コロナウイルス感染症の発生に起因して下記のとおり、売上高の減少により、経営の安定に支障が生じていますので、中小企業信用保険法第2条第5項第4号の規定に基づき認定されるようお願いします。

記

1．事業開始年月日　　　　　　　　　　　　　　　年　　月　　日
2．売上高等
　（イ）最近1か月の売上高等
　　　$\dfrac{B-A}{B}$ ×100　　　　　　　減少率_____％（実績）

　　　A：災害時の発生による最近1か月間の売上等　　　　_____円
　　　B：Aの期間に対応する前年1か月間の売上等　　　　_____円
　（ロ）最近3か月間の売上等の実績見込み　　減少率_____％（実績見込み）
　　　$\dfrac{(B+D)-(A+C)}{B+D}$ ×100

　　　C：Aの期間後2か月間の見込み売上高等　　　　　_____円
　　　D：Cの期間に対応する前年の2か月間の売上等　　_____円
3．　売上高が減少し、または減少することが見込まれる理由
　　　_____

令和　　年　　月　　日

申請のとおり相違ないことを認定します。

本認定書の有効期間：令和　　年　　月　区記入欄です。令和　　年　　月　　日まで

港区認定第　　　　号

港 区 長 　武 井 雅 昭

（出典）港区産業振興課HP
　　　http://www.minato-ala.ne/topics/2020/pdf/0302/ichiran.pdf

●同意書

港区産業振興施策の利用に係る同意書

　私の個人情報（法人名又は名称（屋号）、所在地又は住所、電話番号、代表者名、年齢（営業所（店舗工場）所在地））に関して、港区中小企業融資あっせんに係る申込書、信用保険法認定申請書、創業計画書他各種計画書、港区中小企業融資に対する東京信用保証協会の保証料補助申請書等に記載し、港区、取扱金融機関、東京信用保証協会及び区が産業振興を目的に事業を実施する委託事業者あて提供すること、また、融資事業における融資後の返済状況等について取扱金融機関及び東京信用保証協会あてに港区が情報提供し照会をすることに同意いたします。

　　　　年　　　　月　　　　日

（あ て 先）港 区 港 区 長

　　　　　　事業所所在地

　　　　　　事 業 所 名

　　　　　　代 表 者 名　　　　　　　　　　　　　　　㊞

（ 代表者に代わり申込等を代行する者）

　　　　　　住　　　　所

　　　　　　（代行者の住民登録地）

　　　　　　事 業 所 名

　　　　　　（代行者の所属する事業所名・部署名）

　　　　　　氏　　　　名　　　　　　　　　　　　　　　㊞

　　（※金融機関、会計事務所等が代行して申込手続きすることは認めていません）

（出典）港区産業振興課 HP
　　　　http://www.minato-ala.ne/topics/2020/pdf/0302/ichiran.pdf

第２章　信用保証協会の保証付融資
（セーフティネット保証・危機関連保証）　　*69*

港区の場合は、その他、

　3　確定申告書・決算書

　4　確定申告書の表紙部分のコピー

　5　法人事業概況説明書（表・裏）

　6　登記簿謄本

　7　会社の実印

　8　印鑑証明書

　9　月別の試算表、帳簿等

を揃えて、港区役所3階産業振興課へ直接申込をすることになります。

　市区町村の各自治体により、上記の必要書類が若干変わる場合もありますが、おおよそ上記のような書類を提出することになります（例えば、埼玉県志木市では、書類に書いた数値の根拠となる書類の提出が公式ホームページにしっかり明記されています。http://www.city.shiki.lg.jp/index.cfm/37,92404,155,604.html）。

危機関連保証

　全国の中小企業・小規模事業者の資金繰りが逼迫していることを踏まえ、全国・全業種（※）の事業者を対象に「危機関連保証」（100％保証）として、売上高が前年同月比▲15％以上減少する中小企業・小規模事業者に対して、更なる別枠（2.8億円）を措置。

　※一部保証対象外の業種があります。詳しくは最寄りの信用保証協会にご相談ください。

　これにより、セーフティネット保証枠と併せて、最大5.6億円の信用保証別枠を確保できます。なお、こちらも運用緩和が適用されますので、業歴3ヶ月以上であれば利用可能で、売上判定も単純な前年同月比以外でも判定可能です。

危機関連保証のイメージ

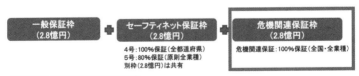

一般保証枠 （2.8億円）	＋	セーフティネット保証枠 （2.8億円）	＋	危機関連保証枠 （2.8億円）
		4号：100％保証（全都道府県） 5号：80％保証（原則全業種） 別枠（2.8億円）は共有		危機関連保証：100％保証（全国・全業種）

※保証枠とは、制度上の保証限度額のことです。

（参考）新型コロナウイルス感染症で影響を受ける事業者の皆様へ（経済産業省）
https://www.meti.go.jp/covid-19/pdf/pamphlet.pdf

※ご利用手続の流れは前掲のセーフティネット保証と同様
　です。

※ご利用には、別途、金融機関、信用保証協会による審査
　があります。

※保証制度の詳細については、お近くの信用保証協会
　(https://www.zenshinhoren.or.jp/others/nearest.html)
　までお問合わせください。

新型コロナウイルス感染症に係る認定基準の運用緩和について

　2020年3月11日に経済産業省より、認定基準の運用緩和がなされ、対象者の範囲が広がりました。以下、概要を記載します。

●概要
　前年実績のない創業者や、前年以降店舗や業容拡大してきた事業者の方についても、新型コロナウイルス感染症の影響を受けている場合には、**セーフティネット保証4号・5号及び危機関連保証が利用できる**ように認定基準の運用を緩和。

●対象となる方
　新型コロナウイルス感染症の影響を受け、経営の安定に支障を生じている、次の方
　①業歴3ヶ月以上1年1ヶ月未満の事業者も利用可能に
　②前年以降の店舗増加等によって、単純な売上高等の前年比較では認定が困難な事業者

●認定基準

（現状）

対前年と比較

最近1ヶ月の売上高等と前年同月を比較

＋

その後2ヶ月間（見込み）を含む3ヶ月の売上高等と前年同期を比較

（緩和後）

新型コロナウイルスの影響を受ける前などを基準として比較

・最近1ヶ月の売上高等と最近1ヶ月を含む最近3ヶ月間の平均売上高等を比較

又は

・最近1ヶ月の売上高等と令和元年12月の売上高等を比較

＋

その後2ヶ月間（見込み）を含む3ヶ月の売上高等と令和元年12月の売上高の3倍を比較

又は

・最近1ヶ月の売上高等と令和元年10～12月の平均売上高等を比較

その後2ヶ月間（見込み）を含む3ヶ月の売上高等と
令和元年 10 ～ 12 月の 3 ヶ月を比較

※上記の売上高等減少の基準については、セーフティネット保証 4 号は▲ 20％以上、セーフティネット保証 5 号は▲ 5 ％以上、危機関連保証は▲ 15％以上

経済産業省 HP
(https://www.meti.go.jp/press/
2019/03/20200311007/20200311007-4.pdf）より

　以上のように、認定基準の運用緩和により、対象となる可能性が格段に上がっています。
　このため、過去に該当しないと思った事業者の方も再度チェックをしてみることを強くオススメします。
　また、現在、こういった形で日毎に制度が更新されていますので、公認会計士や税理士などの専門家に相談、サポートをしてもらうことが重要になってきます。

新型コロナウイルス感染症に係る認定基準の運用緩和について

○前年実績の無い創業者や、前年以降店舗や業容拡大してきた事業者の方についても、新型コロナウイルス感染症の影響を受けている場合には、セーフティネット保証4号・5号及び危機関連保証が利用できるように認定基準の運用を緩和。

【対象となる方】

新型コロナウイルス感染症の影響を受け、経営の安定に支障を生じている、次の方
①業歴3ヶ月以上1年1ヶ月未満の事業者
②前年以降の店舗増加等によって、単純な売上高等の前年比較では認定が困難な事業者

【認定基準】

（緩和後）
新型コロナウイルスの影響を受ける前などを基準として比較

（現状）
対前年と比較

最近1ヶ月の売上高等と前年同月を比較
＋
その後2ヶ月間(見込み)を含む3ヶ月の売上高等と前年同期を比較

運用緩和 →

最近1ヶ月の売上高等と最近1ヶ月を含む最近3ヶ月間の平均売上高等を比較

又は

最近1ヶ月の売上高等と令和元年12月の売上高等を比較
＋
その後2ヶ月間(見込み)を含む3ヶ月の売上高等と令和元年12月の売上高等の3倍を比較

又は

最近1ヶ月の売上高等と令和元年10～12月の平均売上高等を比較
＋
その後2ヶ月間(見込み)を含む3ヶ月の売上高等と令和元年10～12月の3ヶ月を比較

※上記の売上高等減少の基準については、セーフティネット保証4号は▲20％以上、セーフティネット保証5号は▲5％以上、危機関連保証は▲15％以上

（出典）経済産業省HPより
　　　　https://www.meti.go.jp/press/2019/03/20200311007/20200311007-4.pdf

民間金融機関での実質無利子・無担保・据置最大5年・保証料減免の融資

（参考）https://www.meti.go.jp/press/2020/05/20200501008/202000501008.pdf

　5月1日に、経済産業省は、新型コロナウイルス感染症の影響拡大に伴い、中小企業者への資金繰り支援を強化するため、信用保証制度を利用した都道府県等による制度融資に対し補助を行うことで、民間金融機関においても、実質（※）無利子・無担保・据置最大5年の融資を可能とし、あわせて、信用保証料を半額又はゼロとすると公表しました。

（※）一部の都道府県等では、一度事業者に利子分をお支払いいただいた上で、事後的にお支払いいただいた利子分を事業者にお戻しすることで、金利負担が実質的に無利子となる仕組みとしています。

　また、民間金融機関の信用保証付き既往債務の実質無利子融資への借換えを可能とし、事業者の金利負担及び返済負担を軽減することを公表しました。

【無利子化・保証料減免の要件】

　以下の売上減少の要件を満たし、セーフティネット保証4号・5号（※）、危機関連保証いずれかの認定を受けていること。

（※）セーフティネット保証5号の業種については、5月1日をもって全業種を指定

	売上高▲5％	売上高▲15％
個人事業主 （事業性あるフリーランス含む、小規模のみ）	保証料ゼロ・金利ゼロ	
小・中規模事業者（上記除く）	保証料1/2	保証料ゼロ・金利ゼロ

【その他の条件】

●据置期間等

　最大5年・無担保（経営者保証は原則非徴求）

●融資上限額

　3000万円

●補助期間

　保証料は全融資期間、利子補給は当初3年間

　※条件変更に伴い生じる追加保証料は事業者の負担と

　　なります。

●融資期間

　10年以内（うち据置期間5年以内）

●担保

　無担保

●保証人

　代表者は一定要件（①法人・個人分離、②資産超過）

　を満たせば不要（代表者以外の連帯保証人は原則不要）

信用保証協会の保証付融資
（セーフティネット保証・危機関連保証）
要点まとめ

・公庫に比べ、流れが複雑なので注意

　①市区町村に認定申請（各要件に当てはまるか確認した

　　上で）

　　　　　　　　　　　↓

　②保証協会へ連絡（②と③は順番が前後しても可能）

　　　　　　　　　　　↓

　③希望の民間銀行へ（②と③は順番が前後しても可能）

・2020年5月1日より、上記の手続きが、民間金融機関

　においてワンストップで行えるよう順次実施されてい

　るので留意。

・融資がおりるまで3ヶ月程度かかるので余裕を持った

　ほうが良い。

・2020年5月1日より、民間金融機関においても、実質

　無利子・無担保・据置最大5年・保証料減免の融資が

　可能。

・運用緩和により、単純な売上前年同期比以外でも柔軟

　に要件判定してもらえる。

・市区町村によって認定申請用紙などがまちまちなので

実際の利用の際には窓口で確認すること。

・既存の借入とは“別枠”で融資してもらえる。

・税金の滞納などがある場合には利用不可。

・簡単な理解としては、

　①4号は全業種利用可能で売上▲20％以上

　②5号は原則全業種利用可能で売上▲5％以上

　③危機関連保証は売上▲15％以上

　で利用が可能。

・前述の公庫の「新型コロナウイルス感染症特別貸付」
　との併用も可能。

第3章

持続化給付金

持続化給付金とは？

　経済産業省が公表した資料によると、「感染症拡大により、特に大きな影響を受ける事業者に対して、事業の継続を下支えし、再起の糧としていただくため、事業全般に広く使える給付金を支給します」として、特に使途などの制限を設けていません。

　通常の融資や補助金、助成金ですと、返済義務があったり、使途を制限しているものが多いのですが、**この持続化給付金は、そういった返済義務や使途の制限を設けない給付金、事業全般に広く使える給付金を支給します**、ということで、事業者の方々に、この給付金を活用してなんとかこのコロナ禍を乗り越え、事業を持続、継続して、また元の成長路線、軌道に戻してほしいという強い願いも込められた制度と言えます。

　農業、漁業、製造業、飲食業、小売業、作家・俳優業など幅広い業種で、事業収入（売上）を得ている法人・個人の方が対象となります。

　この持続化給付金の申請期間は令和2年5月1日（金）から令和3年1月15日（金）までとされています（電子申請の場合は、送信完了の締め切りが、令和3年1月15日（金）の24時までとされています）。

　以下、持続化給付金につきまして、経済産業省のホーム

ページ（https://www.meti.go.jp/covid-19/jizokuka-kyufukin.html）や中小企業庁の「持続化給付金」事務局のホームページ（https://www.jizokuka-kyufu.jp/）より抜粋、一部加筆しながら、ご紹介いたします。

なお、全国で増えている「持続化給付金」を装った詐欺には十分にご注意ください。

経済産業省のホームページでも警鐘が鳴らされていますが、新型コロナウイルス対策に便乗し、市区町村や経済産業省などを騙って個人情報や口座情報等を求める詐欺行為が増加しているようです。

・「持続化給付金を支給するので、個人情報や口座番号を教えてほしい」
・「ここから給付金の申請ができるとのメールが届き、開いたら個人情報の入力を求められた」
・「経済産業省の名を騙り、国からの給付が受けられるとの連絡があった」

といった連絡は、詐欺の疑いがあります。

今回の給付金に関して、市区町村や経済産業省などがATMの操作や手数料の振込を求めることはありませんので、十分ご留意ください。

（参考：https://www.youtube.com/watch?v=AlIkUy3FAnU&feature=youtu.be）

経済産業省

持続化給付金
に関するお知らせ

持続化給付金とは？

感染症拡大により、特に大きな影響を受ける事業者に対して、事業の継続を
下支えし、再起の糧としていただくため、

事業全般に広く使える給付金を支給します。

給付額

中小法人等は**200万円**、個人事業者等は**100万円**
※ただし、昨年1年間の売上からの減少分を上限とします。

■売上減少分の計算方法
前年の総売上（事業収入）－（前年同月比▲50%月の売上×12ヶ月）

給付対象の主な要件 ※商工業に限らず、以下を満たす幅広い業種が対象です。

1. 新型コロナウイルス感染症の影響により、

   ひと月の売上が**前年同月比で50%以上減少**している事業者。

2. 2019年以前から事業による事業収入（売上）を得ており、今後も事業を継続
   する意思がある事業者。

3. 法人の場合は、

   ①資本金の額又は出資の総額が10億円未満、又は、
   ②上記の定めがない場合、常時使用する従業員の数が2000人以下

   である事業者。

※2019年に創業した方や売上が一定期間に偏在している方などには特例があります。

※一度給付を受けた方は、再度給付申請することができません。

※詳細は、申請要領等をご確認下さい。

相談ダイヤル ※申請支援窓口の設置場所等については、詳細が決まり次第公表します。

持続化給付金事業 コールセンター　**0120-115-570**

[IP電話専用回線] 03-6831-0613
受付時間　8:30〜19:00　5月・6月（毎日）7月から12月（土曜日を除く日から金曜日）

 「持続化給付金」を装った詐欺にご注意下さい

入力項目

持続化給付金を申請する場合、以下の情報の入力が必要になります。

基本情報

法人番号を入れると
登録情報が自動で
表示されます。

①法人番号　　（13桁の法人番号）法人の方のみ

②屋号・商号・雅号　　○○株式会社　　（フリガナ）　○○カブシキガイシャ

③本店所在地
- 郵便番号　　〒○○○−○○○○
- 都道府県　　○○○○県
- 市区町村　　○○市○○町
- 番地・ビルマンション名等　　○−○

④書類送付先　③の本店所在地と同じ場合は省略可能
- 郵便番号　　〒○○○−○○○○
- 都道府県　　○○○○県
- 市区町　　○○市○○町
- 番地・ビルマンション名等　　△−□　○○ビル○階

⑤業種（日本産業分類）　　（大分類）　　（中分類）　　（選択式）

⑥設立年月日（法人）　　○○○○年　　○○月　　○○日

⑦資本金（円）　　○○○○法人の方のみ

⑧従業員数（名）　　○○○○法人の方のみ

⑨代表者役職　　代表取締役

⑩代表者氏名　　○○　○○　　（フリガナ）　○○○○○○

⑪代表電話番号　　○○○○○○○○○○

⑫担当者氏名　　□□□□法人の方のみ　　（フリガナ）　□□□□法人の方のみ

⑬担当者電話番号　　○○○○○○○○○□□　法人の方のみ

⑭担当者携帯番号　　○○○○○○○○○□□　法人の方のみ

⑮担当者メールアドレス　　○○○○○@△△△.□○.□□

⑯直近年度の売上金額　　○□□○

⑰決算月　　○□□□

⑱今年の売上減少月の金額　　○□□○

※このほかにも情報の入力が
　必要となる場合もあります。

口座情報

❶金融機関名　　○○○○銀行　　❷金融機関コード　　○○○○

❸支店名　　○○○○支店　　❹支店コード　　○○○

❺種別　　○○　　❻口座番号　　○○○○○○○

❼口座名義人　　○○○○○○○○

申請に必要な書類

※詳細は申請要領等を必ず御確認下さい。代替を認める書類もあります。

①2019年（法人は前事業年度）確定申告書類の控え

法人	個人
	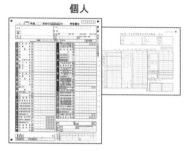

※収受日付印の押印が必要です。e-Taxを通じて申告を行っている場合、これらに相当するものを提出して下さい。

②売上減少となった月の売上台帳の写し

③通帳写し

④（個人事業者のみなさま）身分証明書写し

運転免許証　　　マイナンバーカード　　　住民基本台帳カード

在留カード　　　特別永住権証明書　　　外国人登録証明書

※このほかの書類が必要となる場合もあります。

持続化給付金の申請方法

持続化給付金の申請手順

1 持続化給付金ホームページへアクセス！

| 持続化給付金 | 検索 |

スマホでも
できる！

持続化給付金の申請用HP（https://jizokuka-kyufu.jp）

2 申請ボタンを押して、メールアドレスなどを入力［仮登録］

3 入力したメールアドレスに、メールが届いていることを確認して、
［本登録］へ

4 ID・パスワードを入力すると［マイページ］が作成されます
● 基本情報　● 売上額　● 口座情報　を入力

法人・個人の基本
事項と、ご連絡先

入力すると、
申請金額を
自動計算！

【通帳の写し】を
アップロード！

5 必要書類を添付
● 2019年の確定申告書類の控え
● 売上減少となった月の売上台帳の写し
● 身分証明書の写し（個人事業者の場合）
　　　　※スマホなどの写真画像でもOK（できるだけきれいに撮ってください！）

申請

持続化給付金事務局で、申請内容を確認
※申請に不備があった場合は、メールとマイページへの通知で連絡が入ります。

通常2週間程度で、給付通知書を発送／ご登録の口座に入金

（出典）経済産業省HP　https://www.meti.go.jp/covid-19/pdf/kyufukin.pdf

申請手続き

　Web 上での申請「電子申請」を基本とします。

　なお、ご自身で電子申請を行うことが困難な方のために、「申請サポート会場」を開設する予定です。

　また、申請にあたり、Gビズ ID を取得する必要はありません。

　Web 上での「電子申請」が終わると、持続化給付金事務局にて、申請内容を確認します。申請に不備があれば、メールとマイページへの通知で連絡が入ります。

　通常 2 週間程度で、給付通知書が発送され、登録した口座に入金されることになっています。

【不正受給時の対応】

　提出された証拠書類等について、不審な点が見られる場合、調査を行うことがあります。

　調査の結果によって不正受給と判断された場合、以下の措置を講じます。

　①給付金の全額に、不正受給の日の翌日から返還の日まで、年 3 ％の割合で算定した延滞金を加え、これらの合計額にその 2 割に相当する額を加えた額の返還請求。

　②申請者の法人名等を公表。不正の内容が悪質な場合には刑事告発。

給付額

　法人は 200 万円まで、個人事業者は 100 万円までが給付されます。

※ただし、昨年 1 年間の売上からの減少分を上限とします。

■給付額の計算方法（法人、個人事業者共通）
前年の総売上（事業収入）

I

（前年同月比▲ 50%月の売上げ× 12 ヶ月）

【給付額の算定方法変更に伴う対応について】

　2020 年 5 月 1 日より 10 万円未満の金額は切り捨てる算定方法で給付してきましたが、 5 月 8 日に給付額の算定方法が変更されていますので、留意してください。

以下のような流れになります。

①迅速に給付を進めるため、これまでどおり電子申請画面では 10 万円未満の金額を切り捨てて給付額が算定され、10 万円未満を切り捨てた金額が口座に振り込まれます。

②後日 10 万円未満の切り捨てられた金額は、追加で給付が行われます。なお、追加の給付を受けるための申請は不要です。

（参考：https://www.jizokuka-kyufu.jp/）

1. 中小法人等

　持続化給付金の給付額は、200万円を超えない範囲で対象月の属する事業年度の直前の事業年度の年間事業収入から、対象月の月間事業収入に12を乗じて得た金額を差し引いたもの（金額は10万円単位。10万円未満の端数があるときは、その端数は、切り捨てる。ただし、切り捨てられた金額については追加給付あり）になります。

※月間事業収入が、前年同月比50%以下となる月で任意で選択した月を【対象月】と呼びます。対象月は、2020年1月から12月までの間で、事業者が選択した月とします。

【例】

① 3月決算の法人が対象月を2020年2月とした場合、前の事業年度は2018年4月から2019年3月となります。

② 12月決算の法人が対象月を2020年2月とした場合、前の事業年度は2019年1月から2019年12月となります。

【給付額の算定事例】

■給付額の算定式

S：給付額（200万円上限）。ただし、切り捨てられた金額については追加給付あり。

※10万円未満は切り捨て

A：対象月の属する事業年度の直前の事業年度の年間事業
　　収入

B：対象月の月間事業収入

$$S = A - B \times 12$$

給付金額の算定例①　３月決算
※給付金額　上限額200万円の場合

2019年度	2019年									2020年		
	4月	5月	6月	7月	8月	9月	10月	11月	12月	1月	2月	3月
	50	30	40	50	40	30	40	50	50	50	30	40
2020年度	2020年									2021年		
	4月	5月	6月	7月	8月	9月	10月	11月	12月	1月	2月	3月
	20											

直前の事業年度(2019年度)の年間事業収入	500万円
直前の事業年度(2019年度)の4月の月間事業収入	50万円
2020年4月の月間事業収入	20万円(前年同月比で50%以上減少しているため給付対象)
算定式(A-B×12=S)	500万円-20万円×12=260万円＞200万円(上限額)
給付額	200万円

(出典：https://www.jizokuka-kyufu.jp/overview/)

給付金額の算定例②　12月決算
※給付金額　上限200万円以下の場合

2019年度	2019年											
	1月	2月	3月	4月	5月	6月	7月	8月	9月	10月	11月	12月
	30	20	10	30	30	20	30	30	30	20	20	30
2020年度	2020年											
	1月	2月	3月	4月	5月	6月	7月	8月	9月	10月	11月	12月
	40	20	20	13								

直前の事業年度(2019年度)の年間事業収入	300万円
直前の事業年度(2019年度)の4月の月間事業収入	30万円
2020年4月の月間事業収入	13万円(前年同月比で50%以上減少しているため給付対象)
算定式(A-B×12=S)	300万円-13万円×12=144万円＜200万円(上限額)
給付額	140万円(10万未満切り捨てのため)

(出典：https://www.jizokuka-kyufu.jp/overview/)

２．個人事業者等

　持続化給付金の給付額は、100万円を超えない範囲で、2019年の年間事業収入から、対象月の月間事業収入に12を乗じて得た金額を差し引いたもの（金額は10万円単位。10万円未満の端数があるときは、その端数は、切り捨てる。ただし、切り捨てられた金額については追加給付あり）になります。

※月間事業収入が、前年同月比50％以下となる月で任意で選択した月を【対象月】と呼びます。対象月は、2020年1月から12月までの間で、事業者が選択した月とします。

【給付額の算定事例】
■給付額の算定式

S：給付額（100万円上限）※10万円未満は切り捨て

A：2019年の年間事業収入

B：対象月の月間事業収入

$$S = A - B \times 12$$

給付金額の算定例① 青色申告の場合

	1月	2月	3月	4月	5月	6月	7月	8月	9月	10月	11月	12月
2019年	30	20	10	30	30	20	30	30	30	20	20	30
	1月	2月	3月	4月	5月	6月	7月	8月	9月	10月	11月	12月
2020年	40	20	20	13								

2019年の年間事業収入	300万円
2019年の4月の月間事業収入	30万円
2020年4月の月間事業収入	13万円（前年同月比で50%以上減少しているため給付対象）
算定式（A－B×12＝S）	300万円－13万円×12＝144万円＞100万円（上限額）
給付額	100万円

(出典：https://www.jizokuka-kyufu.jp/overview/)

※ただし、青色申告を行っている者であって、

　①所得税青色申告決算を提出しない者（任意）

　②所得税青色申告決算書に月間事業収入の記載がない者

　③相当の事由により当該書類を提出できない者

　は、次項の白色申告を行っている者等と同様に、2019年の月平均の事業収入と対象月の月間事業収入を比較することとする。

（ポイント）

青色申告の場合は、月毎に比較する。

※ただし、白色申告のように月平均の事業収入によることも可能。

給付金額の算定例② 白色申告の場合

2019年	合計											
	300											
2020年	1月	2月	3月	4月	5月	6月	7月	8月	9月	10月	11月	12月
	40	20	20	10								

2019年の年間事業収入	300万円
2019年の月平均の事業収入	300万円／12＝25万円
2020年4月の月間事業収入	10万円（前年同月比で50％以上減少しているため給付対象）
算定式（A−B×12＝S）	300万円−10万円×12＝180万円＞100万円（上限額）
給付額	100万円

(出典：https://www.jizokuka-kyufu.jp/overview/)

（ポイント）

白色申告の場合は、2019年の月平均の事業収入と対象月の月間事業収入を比較する。

給付対象

■新型コロナウイルス感染症の影響により、売上が前年同月比で50%以上減少している者。

■資本金10億円以上の大企業を除き、

・中堅企業

・中小企業

・小規模事業者

・フリーランスを含む個人事業者

また、

・医療法人

・農業法人

・NPO法人

・社会福祉法人など

会社以外の法人についても幅広く対象となります。

1．中小法人等

　資本金10億円以上の大企業を除く、中小法人等を対象とし医療法人、農業法人、NPO法人など、会社以外の法人についても幅広く対象となります。

【給付対象者】

(1)2020年4月1日時点において、次のいずれかを満たすことが必要です。ただし、組合若しくはその連合会又は一般社団法人については、その直接又は間接の構成員たる事業者の3分の2以上が個人又は次のいずれかを満たす法人であることが必要です。

・資本金の額又は出資の総額（※1）が**10億円未満で**あること。

・**資本金の額又は出資の総額が定められていない場合**は、常時使用する従業員（※2）の数が**2,000人以下**であること。

(2)**2019年以前から事業により**事業収入（売上）を得ており、**今後も事業を継続する意思があること。**

※事業収入は、確定申告書（法人税法第二条第一項三十一号に規定する確定申告書を指す。以下同じ。）別表一における「売上金額」欄に記載されるものと同様の考え方によるものとします。

(3)2020年1月以降、新型コロナウイルス感染症拡大の影響等により、**前年同月比で事業収入が50％以上減少した月**（以下「対象月」という）**が存在すること。**

※対象月は、2020年1月から申請する月の前月までの間で、前年同月比で事業収入が50％以上減少した月のうち、ひと月を任意で選択してください。

※対象月の事業収入については、**新型コロナウイルス感染症対策として地方公共団体から休業要請に伴い支給される協力金などの現金給付を除いて算定することができます。**

（※1）「基本金」を有する法人については「基本金の額」と、一般財団法人については「当該法人に拠出されている財産の額」と読み替える。

（※2）「常時使用する従業員」とは、労働基準法第20条の規定に基づく「予め解雇の予告を必要とする者」を指す。（パート、アルバイト、派遣社員、契約社員、非正規社員及び出向者については、当該条文をもとに個別に判断。会社役員及び個人事業者は予め解雇の予告を必要とする者に該当しないため、「常時使用する従業員」には該当しない）

注：一度給付を受けた方は、再度給付申請することができません。

【不給付要件】

　なお、下記の①から⑤のいずれかに該当する場合は、給付対象外とされています。

　①国、法人税法別表第一に規定する公共法人

　②風俗営業等の規制及び業務の適正化等に関する法律に規定する「性風俗関連特殊営業」、当該営業に係る「接客業務受託営業」を行う事業者

　③政治団体

　④宗教上の組織若しくは団体

　⑤①から④までに掲げる者のほか、給付金の趣旨・目的に照らして適当でないと中小企業庁長官が判断する者

２．個人事業者等

　フリーランスを含む個人事業者が広く対象となります。下記の【不給付要件】に該当しなければ、職種や業種は問われません。水商売といわれるホスト、ホステス、キャバクラ、バーで働く方々や経営者も対象となります。

【給付対象者】

(1) 2019 年以前から事業により事業収入(売上)を得ており、今後も事業継続する意思があること。

※本規程における事業収入は、証拠書類として提出する
確定申告書（所得税法第二条第一項三十七号に規定す
る確定申告書を指す。以下同じ。）第一表における「収
入金額等」の事業欄に記載される額と同様の算定方法
によるものとし、2019年の年間事業収入は、当該欄
に記載されるものを用いることとします。

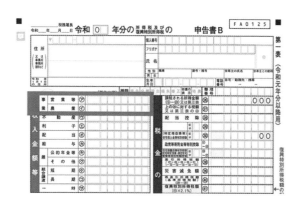

※ただし、証拠書類として住民税の申告書類の控えを用
いる場合には、2019年の年間事業収入は市町村民税・
道府県民税申告書の様式（5号の4）における「収入
金額等」の事業欄に相当する箇所に記載されるものを
用いることとします。

※なお、課税特例措置等により、当該金額と所得税青色
申告決算書における「売上（収入）金額」欄又は収支
内訳書における「収入金額」欄の額が異なる場合には、

「売上（収入）金額」又は収支内訳書における「収入金額」を用いることができます。

(2) 2020年1月以降、新型コロナウイルス感染症拡大の影響等により、**前年同月比で事業収入が50％以上減少した月**（以下「対象月」という）**があること。**

※対象月は、2020年1月から申請を行う月の属する月の前月までの間で、前年同月比で事業収入が50％以上減少した月のうち、ひと月を申請者が任意に選択できます。

※**青色申告を行っている場合**、前年同月の事業収入は、所得税青色申告決算書における「月別売上（収入）金額及び仕入金額」欄の「売上（収入）金額」の額を用いる。ただし、青色申告を行っている者で、**①所得税青色申告決算書を提出しない者（任意）**、②所得税青色申告決算書に月間事業収入の記載がない者、③相当の事由により当該書類を提出できない者は、以下の白色申告を行っている者等と同様に、2019年の月平均の事業収入と対象月の月間事業収入を比較することとします。

※**白色申告を行っている場合**、確定申告書に所得税青色申告決算書（農業所得用）を添付した場合又は住民税の申告書類の控えを用いる場合には、月次の事業収入

を確認できないことから、**2019年の月平均の事業収入と対象月の月間事業収入を比較することとします。**

※対象月の事業収入については、**新型コロナウイルス感染症対策として地方公共団体から休業要請に伴い支給される協力金などの現金給付を除いて算定することができます。**

注：一度給付を受けた方は、再度給付申請することができません。

【不給付要件】

　なお、下記の①から③のいずれかに該当する場合は、給付対象外とされています。

①風俗営業等の規制及び業務の適正化等に関する法律に規定する「性風俗関連特殊営業」、当該営業に係る「接客業務受託営業」を行う事業者（※）

②宗教上の組織若しくは団体

③①②に掲げる者のほか、給付金の趣旨・目的に照らして適当でないと中小企業庁長官が判断する者

（※）ホスト、ホステス、キャバクラ、バーで働く方々は、いわゆる接待飲食等営業に該当しますので、対象外にはなりません。

申請書類

　前述の申請の要件を確認し、給付対象となっていれば、申請衣に必要な証拠書類（添付書類）を準備します。

1．中小法人等

【添付書類の確認】

　申請するにあたり下記の3種類の証拠書類等の提出が必要となります。

　スキャンした画像だけでなく、デジタルカメラやスマートフォン等で撮影した写真でも提出することができますが、細かな文字が読み取れるようきれいな写真を準備してください。

　各データの保存形式はPDF・JPG・PNGのいずれかで保存し、書類は一つずつファイルをご準備ください。

　なお、添付できるデータは、1ファイル10MBまでになります。

　⑴確定申告書類

　　・確定申告書別表一の控え（1枚）

　　・法人事業概況説明書の控え（2枚（両面））

※少なくとも、確定申告書別表一の控えには収受日付印が押印されていることが必要です。

※ e-Tax を通じて申告を行っている場合は、「受信通知」を添付するなど、これに相当するものを提出してください。

【例外】

収受日付印又は受信通知のいずれも存在しない場合には、税理士による押印及び署名がなされた、対象月の属する事業年度の直前の事業年度の確定申告で申告した又は申告予定の月次の事業収入を証明する書類（様式自由）を提出することで代替することができます。

⑵ 2020 年分の対象とする月（対象月）の売上台帳等

　・対象月の売上台帳等

⑶ 通帳の写し

　・銀行名・支店番号・支店名・口座種別・口座番号・口座名義人が確認できるものを準備してください。

2. 申請する（証拠書類等の添付①-1 確定申告書）

①-1 確定申告書類（計3枚）

● 確定申告書別表一の控え（1枚）
● 法人事業概況説明書の控え（2枚（両面））
→ 対象月の属する事業年度の直前の事業年度の分を提出してください。
※少なくとも、確定申告書別表一の控えには収受日付印が押されていること。
※収受日付印の押印がない場合、P.23を参照して下さい。

■確定申告書別表一（1枚）

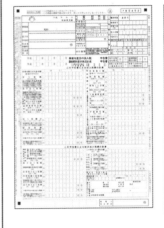

■法人事業概況説明書（2枚（両面））

※ e-Taxを通じて申告を行っている場合、次頁を参照して下さい。

※各データの保存形式はPDF・JPG・PNGでお願いします。

（出典）https://www.meti.go.jp/covid-19/pdf/kyufukin_chusho.pdf

2. 申請する（証拠書類等の添付①-2 e-Tax）

①-2 確定申告書類 e-Tax（4枚）

■受信通知（1枚）

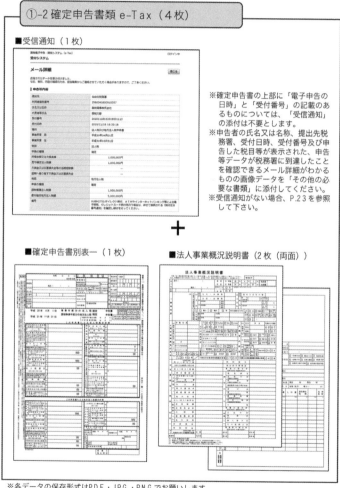

※確定申告書の上部に「電子申告の日時」と「受付番号」の記載のあるものについては、「受信通知」の添付は不要とします。

※申告者の氏名又は名称、提出先税務署、受付日時、受付番号及び申告した税目等が表示された、申告等データが税務署に到達したことを確認できるメール詳細がわかるものの画像データを「その他の必要な書類」に添付してください。

※受信通知がない場合、P.23を参照して下さい。

+

■確定申告書別表一（1枚）

■法人事業概況説明書（2枚（両面））

※各データの保存形式はPDF・JPG・PNGでお願いします。

（出典）https://www.meti.go.jp/covid-19/pdf/kyufukin_chusho.pdf

２．申請する（証拠書類等の添付②売上台帳等）

②2020年分の対象とする月の売上台帳等

対象月の事業収入額がわかる売上台帳等を提出してください。
フォーマットの指定はありませんので、**経理ソフト等から抽出したデータ、エクセルデータ、手書きの売上帳**などでも構いません。
書類の名称が「売上台帳」でなくても構いません。ただし、提出するデータが<u>対象月の事業収入であることを確認できる資料を提出してください。</u>
<u>（２０２０年●月と明確に記載されている等）</u>

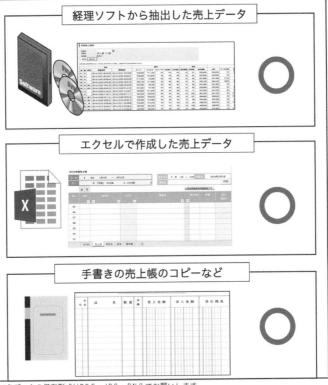

経理ソフトから抽出した売上データ

エクセルで作成した売上データ

手書きの売上帳のコピーなど

※各データの保存形式はＰＤＦ・ＪＰＧ・ＰＮＧでお願いします。
（出典）https://www.meti.go.jp/covid-19/pdf/kyufukin_chusho.pdf

2．申請する（証拠書類等の添付③通帳の写し）

③通帳の写し

法人名義の口座の通帳の写し。（法人の代表者名義も可）
銀行名・支店番号・支店名・口座種別・口座番号・名義人が確認できるよう
スキャン又は撮影して下さい。
上記が確認できるように、必要であれば、通帳のオモテ面と通帳を開いた
1・2ページ目の両方を添付してください。

※電子通帳などで、紙媒体の通帳がない場合は、電子通帳等の画面等の画像を提出
　してください。同様に当座口座で紙媒体の通帳がない場合も、電子通帳等の画像を
　提出してください。

通帳のオモテ面

通帳を開いた1・2ページ目

電子通帳　画面コピー

！！ご注意ください！！
画像が不鮮明な場合や、銀行名・支店番号・支店名・口座種別・口座番号・
名義人が1つでも確認できない場合は、振込ができず、給付金のお支払いが
できません！

※各データの保存形式はPDF・JPG・PNGでお願いします。
（出典）https://www.meti.go.jp/covid-19/pdf/kyufukin_chusho.pdf

2．個人事業者等

【添付書類の確認】

　個人事業者の場合は、申請するにあたり申告の種類に応じて下記の４種類のうち３種類の証拠書類等の提出が必要となります。

　スキャンした画像だけでなく、デジタルカメラやスマートフォン等で撮影した写真でも提出することができますが、細かな文字が読み取れるようきれいな写真を準備してください。

　各データの保存形式は PDF・JPG・PNG のいずれかで保存し、書類は一つずつファイルをご準備ください。

　なお、添付できるデータは、１ファイル 10MB までになりますのでご留意ください。

	添付書類等の名前	内容
①	【青色申告の場合】 確定申告書類	・確定申告書第一表の控え(1枚) ・所得税青色申告決算書の控え(2枚) ※収受日付印が押されていること。
	【白色申告の場合】 確定申告書類	・確定申告書第一表の控え(1枚) ※収受日付印が押されていること。
②	2020年分の 対象とする月(対象月)の 売上台帳等	・対象月の売上台帳等
③	通帳の写し	・銀行名・支店番号・支店名・口座種別・口座番号 ・口座名義人が確認できるもの
④	本人確認書の写し	①運転免許証(両面) 　(返納している場合は、運転経歴証明書で代替可能。) ②個人番号カード(オモテ面のみ) ③写真付きの住民基本台帳カード(オモテ面のみ) ④在留カード、特別永住者証明書、 　外国人登録証明書(在留の資格が特別永住者のものに限る。)(両面) 　いずれの場合も申請を行う月において有効なものであり、 　記載された住所が申請時に登録する住所と同一のものに限る。 なお、①から④を保有していない場合は、 次の⑤、または⑥で代替することができるとされています。 ⑤住民票の写し及びパスポート(顔写真の掲載されているページ)の両方 ⑥住民票の写し及び各種健康保険証(両面)の両方

【原則】

・確定申告書第一表の控えには、収受日付印が押印(税務署においてe-Taxにより申告した場合は、受付日時が印字)されていることが必要です。

・e-Taxによる申告の場合は、「受信通知」を添付することが必要です。

【例外1】

　収受日付印(税務署においてe-Taxにより申告した場合は、受付日時の印字)又は「受信通知」のいずれも存在しない場合には、提出する確定申告書類の年度の「納税証

明書（その２所得金額用）」（事業所得金額の記載のあるもの）を提出することで代替することができます。この場合、収受印等のない確定申告書第一表の控え、及び所得税青色申告決算書の控えを用いることができます。

【例外２】

　例外１によることもできず、「納税証明書（その２所得金額用）」による代替提出がない場合も申請を受け付けますが、内容の確認等に時間を要するため、給付までに通常よりも大幅に時間を要します。また、確認の結果給付金の給付ができない場合があります。

2. 申請する（証拠書類等の添付①-1青色申告）

①-1確定申告書類 青色申告（最大計３枚）

● **確定申告書第一表の控え（1枚）**
● **所得税青色申告決算書の控え（2枚）**
→ **2019年分を提出してください**
※少なくとも、確定申告書第一表の控えには収受日付印が押印（受付日時が印字）されていること。

■確定申告書第一表（1枚）

■所得税青色申告決算書（2枚）

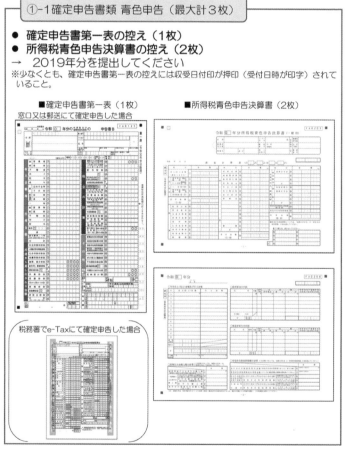

窓口又は郵送にて確定申告した場合

税務署でe-Taxにて確定申告した場合

※e-Taxを通じて申告を行っている場合、P.17を参照して下さい。

※確定申告書第一表の控えに収受日付印の押印（受付日時の印字）がない場合、P.18を参照して下さい。

※各データの保存形式はPDF・JPG・PNGでお願いします。

（出典）https://www.meti.go.jp/covid-19/pdf/kyufukin_chusho.pdf

2. 申請する（証拠書類等の添付①-2白色申告）

①-2確定申告書類 白色申告（1枚）

● **確定申告書第一表の控え（1枚）**
→ 2019年分を提出してください。
※収受日付印が押印（受付日時が印字）されていること。

■確定申告書第一表（1枚）

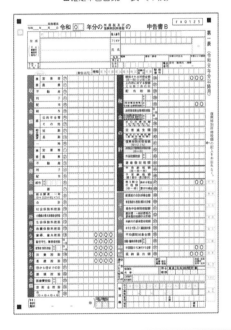

※e-Taxを通じて申告を行っている場合、P.17を参照して下さい。

※確定申告書第一表の控えに収受日付印の押印（受付日時の印字）がない場合、P.18を参照して下さい。

※各データの保存形式はPDF・JPG・PNGでお願いします。

（出典）https://www.meti.go.jp/covid-19/pdf/kyufukin_chusho.pdf

2. 申請する（証拠書類等の添付①-3 e-Tax）

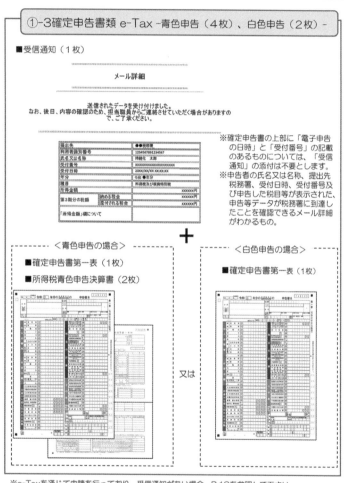

①-3確定申告書類 e-Tax -青色申告（4枚）、白色申告（2枚）-

■受信通知（1枚）

メール詳細

送信されたデータを受け付けました。
なお、後日、内容の確認のため、担当職員からご連絡させていただく場合がありますの
で、ご了承ください。

提出先	●●税務署
利用者識別番号	1234567891234567
氏名又は名称	持続化　太郎
受付番号	XXXXXXXXXXXXXXXXXXXXX
受付日時	20XX/XX/XX XX:XX:XX
年分	令和●年分
種目	所得税及び復興特別税
所得金額	
第3期分の税額	納める税金　　　XXXXXX円
	還付される税金　XXXXXX円
「所得金額」欄について	

※確定申告書の上部に「電子申告
の日時」と「受付番号」の記載
のあるものについては、「受信
通知」の添付は不要とします。
※申告者の氏名又は名称、提出先
税務署、受付日時、受付番号及
び申告した税目等が表示された、
申告等データが税務署に到達し
たことを確認できるメール詳細
がわかるもの。

＋

<青色申告の場合>

■確定申告書第一表（1枚）

■所得税青色申告決算書（2枚）

<白色申告の場合>

■確定申告書第一表（1枚）

又は

※e-Taxを通じて申請を行っており、受信通知がない場合、P.18を参照して下さい。
※各データの保存形式はPDF・JPG・PNGでお願いします。

（出典）https://www.meti.go.jp/covid-19/pdf/kyufukin_chusho.pdf

2. 申請する（証拠書類等の添付①の特例）

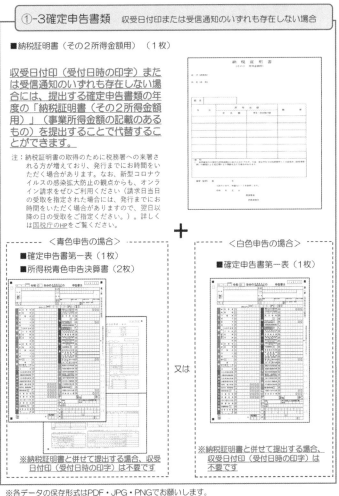

①-3確定申告書類　収受日付印または受信通知のいずれも存在しない場合

■納税証明書（その2所得金額用）（1枚）

収受日付印（受付日時の印字）または受信通知のいずれも存在しない場合には、提出する確定申告書類の年度の「納税証明書（その2所得金額用）」（事業所得金額の記載のあるもの）を提出することで代替することができます。

注：納税証明書の取得のために税務署への来署される方が増えており、発行までにお時間をいただく場合があります。なお、新型コロナウイルスの感染拡大防止の観点からも、オンライン請求をぜひご利用ください（請求日当日の受取を指定された場合には、発行までにお時間をいただく場合がありますので、翌日以降の日の受取をご指定ください。）。詳しくは国税庁のHPをご覧ください。

納　税　証　明　書
（その2　所得金額用）

＋

＜青色申告の場合＞

■確定申告書第一表（1枚）
■所得税青色申告決算書（2枚）

※納税証明書と併せて提出する場合、収受日付印（受付日時の印字）は不要です

又は

＜白色申告の場合＞

■確定申告書第一表（1枚）

※納税証明書と併せて提出する場合、収受日付印（受付日時の印字）は不要です

※各データの保存形式はPDF・JPG・PNGでお願いします。
（出典）https://www.meti.go.jp/covid-19/pdf/kyufukin_chusho.pdf

2. 申請する（証拠書類等の添付②売上台帳等）

■②2020年分の対象とする月の売上台帳等

対象月の事業収入額がわかる売上台帳等を提出してください。
フォーマットの指定はありませんので、**経理ソフト等から抽出したデータ、エクセルデータ、手書きの売上帳**などでも構いません。
書類の名称も「売上台帳」でなくても構いません。ただし、提出するデータが対象月の事業収入であることを確認できる資料を提出してください。
（2020年●月と明確に記載されている等）

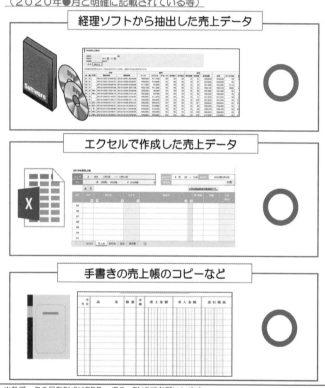

経理ソフトから抽出した売上データ

エクセルで作成した売上データ

手書きの売上帳のコピーなど

※各データの保存形式はPDF・JPG・PNGでお願いします。

（出典）https://www.meti.go.jp/covid-19/pdf/kyufukin_chusho.pdf

2. 申請する（証拠書類等の添付③通帳の写し）

■③通帳の写し

申請者名義の口座の通帳の写し。
銀行名・支店番号・支店名・口座種別・口座番号・名義人が確認できるよう
スキャン又は撮影して下さい。
上記が確認できるように、必要であれば、通帳のオモテ面と通帳を開いた
1・2ページ目の両方を添付してください。

※電子通帳などで、紙媒体の通帳がない場合は、電子通帳等の画面等の画像を提出
　してください。同様に当座口座で紙媒体の通帳がない場合も、電子通帳等の画像を
　提出してください。

通帳のオモテ面

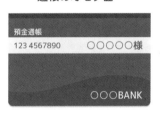

通帳を開いた1・2ページ目

電子通帳　画面コピー

！！ご注意ください！！
画像が不鮮明な場合や、銀行名・支店番号・支店名・口座種別・口座番号・
名義人が1つでも確認できない場合は、振込ができず、給付金のお支払いが
できません！

※各データの保存形式はPDF・JPG・PNGでお願いします。

（出典）https://www.meti.go.jp/covid-19/pdf/kyufukin_chusho.pdf

2. 申請する（証拠書類等の添付④本人確認書類）

■④本人確認書類

本人確認書類は、下記のいずれかの写しを住所・氏名・顔写真がはっきりと判別できるかたちで提出してください。

（1）運転免許証（両面）（返納している場合は、運転経歴証明書で代替可能。）
（2）個人番号カード（オモテ面のみ）
（3）写真付きの住民基本台帳カード（オモテ面のみ）
（4）在留カード、特別永住者証明書、外国人登録証明書（在留の資格が特別永住者のものに限る。）（両面）
※いずれの場合も申請を行う月において有効なものであり、記載された住所が申請時に登録する住所と同一のものに限ります。

なお、（1）から（4）を保有していない場合は、（5）又は（6）で代替することができるものとします。
（5）住民票の写し及びパスポートの両方　※パスポートは顔写真の掲載されているページ
（6）住民票の写し及び各種健康保険証の両方　※各種健康保険証は両面

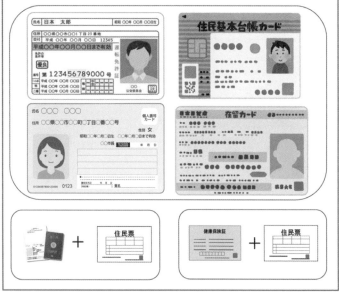

※各データの保存形式はPDF・JPG・PNGでお願いします。

（出典）https://www.meti.go.jp/covid-19/pdf/kyufukin_chusho.pdf

申請の特例

　通常の申請では不都合が生じる法人、個人事業者の方でも限定的ですが、下記のように申請の特例が認められている場合があります。

　各特例に応じて添付書類が異なりますので、ご注意ください。

　また、申請の特例に設定された条件を満たさなかった場合であっても、給付要件を満たしていれば通常の申請を行うことは可能ですので、不明な点があれば、持続化給付金事業コールセンター、あるいは専門家にご相談ください。

（出典）https://www.jizokuka-kyufu.jp/

1. 中小法人等

A：証拠書類等に関する特例

A－1	直前の事業年度の確定申告が完了していない場合
A－2	申請書と証拠書類等の法人名が異なる場合

B：給付額に関する特例

B－1	創業特例 （2019年1月から12月までの間に設立した法人に対する特例）
B－2	季節性収入特例 （月当たりの事業収入の変動が大きい法人に対する特例）
B－3	合併特例 （事業収入を比較する2つの月の間に合併を行った法人に対する特例）
B－4	連結納税特例 （連結納税を行っている法人に対する特例）
B－5	罹災特例 （2018年又は2019年に発行された罹災証明書等を有する法人に対する特例）
B－6	法人成り特例 （事業収入を比較する2つの月の間に個人事業者から法人化した者に対する特例）
B－7	NPO法人や公益法人等特例 （特定非営利法人及び公益法人等に対する特例）

A-1 直前の事業年度の確定申告が完了していない場合

直前の事業年度の確定申告の申告期限前である場合や申告期限が延長されている場合など、相当の事由により対象月の直前の事業年度の確定申告書類の控えが提出できない場合又は直前の事業年度の確定申告書別表第一の控えに収受日付印が押印されていない場合、下記の書類を代替の証拠書類等として提出することができます。

● 2事業年度前の確定申告書類の控え又は

● 税理士による押印及び署名がなされた、対象月の属する事業年度の直前の事業年度の確定申告で申告した又は申告予定の月次の事業収入を証明する書類。（様式自由）

■給付額の算定式
$S = A - B \times 12$
S：給付額（上限200万円）
A：対象月の属する事業年度の2つ前の事業年度の年間事業収入
B：対象月の月間事業収入

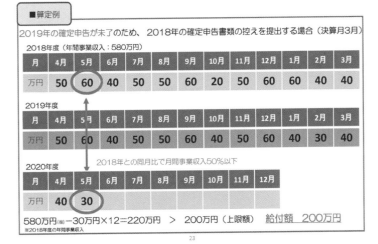

■証拠書類等
① 2事業年度前の確定申告書類の控え又は
　 税理士の署名押印済の前事業年度の事業収入証明書類
　※2事業年度前の確定申告書類の控えを提出した場合は、給付金の
　　算定も2事業年度前と比較して行います。
② 対象月の月間事業収入がわかるもの
③ 通帳の写し

■算定例

2019年の確定申告が未了のため、2018年の確定申告書類の控えを提出する場合（決算月3月）

2018年度（年間事業収入：580万円）

月	4月	5月	6月	7月	8月	9月	10月	11月	12月	1月	2月	3月
万円	50	60	40	50	50	60	20	50	60	60	40	40

2019年度

月	4月	5月	6月	7月	8月	9月	10月	11月	12月	1月	2月	3月
万円	50	60	40	50	50	60	40	50	60	40	30	40

2018年との同月比で月間事業収入50%以下

2020年度

月	4月	5月	6月	7月	8月	9月	10月	11月	12月
万円	40	30							

580万円（※）－30万円×12＝220万円 ＞ 200万円（上限額） 給付額 200万円
※2018年度の年間事業収入

23

（出典）https://www.jizokuka-kyufu.jp/doc/pdf/r2_application_guidance_company.pdf

A-2　申請書と証拠書類等の法人名が異なる場合

社名変更等により、現在の法人名と証拠書類等の法人名が異なる場合も、法人番号に変更がない場合は、同一の法人とみなし、通常の申請と同様に下記の証拠書類等を提出の上、申請してください。

■証拠書類等
① 対象月の属する事業年度の直前の事業年度の 　　確定申告書類の控え ② 対象月の売上台帳等 ③ 通帳の写し

※ただし、合併により社名変更・法人名が変更されている場合は、別途必要な添付書類がございます。
詳細は、『B-3【合併特例】』を確認してください。

（出典）https://www.jizokuka-kyufu.jp/doc/pdf/r2_application_guidance_company.pdf

B-1　創業特例（2019年に設立した法人）

2019年1月から12月までの間に法人を設立した場合であって、対象月の月間事業収入が、2019年の月平均の事業収入に比べて50%以上減少している場合、特例の適用を選択することができます。

■給付額の算定式
S ＝ A ÷ M × 12 － B × 12
S：給付額（上限200万円）
A：2019年の年間事業収入
M：2019年の設立後月数（設立した月は、操業日数にかかわらず、1ヶ月とみなす）
B：対象月の月間事業収入

■証拠書類等
① 対象月の属する事業年度の直前の事業年度の確定申告書類の控え
　（事業年度が複数にまたがる場合は、2019年中の全ての月間事業収入がわかるものを提出すること）
② 対象月の売上台帳等
③ 通帳の写し
④ 履歴事項全部証明書
　（設立日が2019年1月1日から12月31日のものに限る）

■算定例

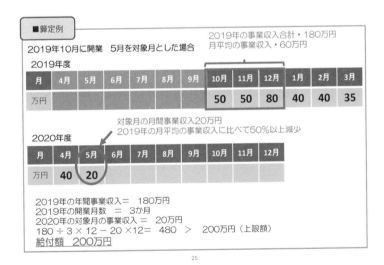

2019年10月に開業　5月を対象月とした場合

2019年の事業収入合計・180万円
月平均の事業収入・60万円

2019年度

月	4月	5月	6月	7月	8月	9月	10月	11月	12月	1月	2月	3月
万円							50	50	80	40	40	35

対象月の月間事業収入20万円
2019年の月平均の事業収入に比べて50%以上減少

2020年度

月	4月	5月	6月	7月	8月	9月	10月	11月	12月
万円	40	20							

2019年の年間事業収入＝　180万円
2019年の開業月数　＝　3か月
2020年の対象月の事業収入＝　20万円
180 ÷ 3 × 12 － 20 ×12＝　480　＞　200万円（上限額）
給付額　200万円

25

（出典）https://www.jizokuka-kyufu.jp/doc/pdf/r2_application_guidance_company.pdf

B-1　創業特例（2019年に設立した法人）

■履歴事項全部証明書

　B-1の特例を適用する場合は、履歴事項全部証明書を提出してください。ただし、設立日が2019年1月1日から12月31日のものに限ります。

　履歴事項全部証明書は法務局のHPからの申し込みにより、オンラインでの発行が可能です。

26

（出典）https://www.jizokuka-kyufu.jp/doc/pdf/r2_application_guidance_company.pdf

B-2　季節性収入特例（月当たりの事業収入の変動が大きい法人）

収入に季節性がある場合など、特定期間の事業収入が年間事業収入の大部分を占める事業者については、下記の適用条件を満たす場合、特例の適用を選択することができます。

※ただし、法人事業概況説明書に月次の事業収入が記載されている場合のみ、この特例を選択することができます。

●適用条件：①・②の両方を満たす必要があります。

適用条件①：少なくとも2020年の任意の1か月を含む連続した3か月（対象期間）の事業収入の合計が、前年同期間の3ヶ月（以下「基準期間」という）の事業収入の合計と比べて50％以上減少していること。

適用条件②：基準期間の事業収入の合計が基準期間の属する事業年度の年間事業収入の50％以上を占めること。ただし、基準期間が複数の事業年度にまたがる場合は、基準期間の事業収入の合計が基準期間の終了月の属する事業年度の年間事業収入の50％以上を占めること。
※対象期間の終了月は2020年12月以前とする。

■給付額の算定式
S ＝ A － B
S：給付額（上限200万円）
A：基準期間の事業収入の合計
B：対象期間の事業収入の合計

■証拠書類等

① 基準期間の属する事業年度の確定申告書類の控え
※基準期間が複数の事業年度にまたがる場合には当該期間の全ての期間分
② 対象期間の売上台帳等
③ 通帳の写し

27

（出典）https://www.jizokuka-kyufu.jp/doc/pdf/r2_application_guidance_company.pdf

B-2　季節性収入特例（月当たりの事業収入の変動が大きい法人）

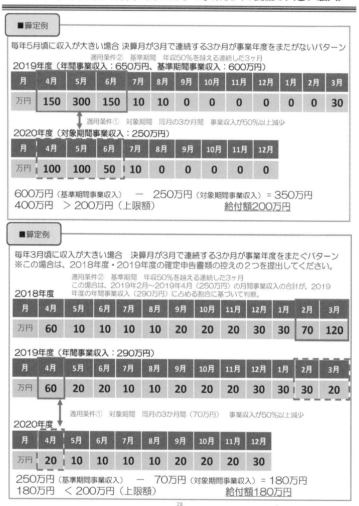

■算定例

毎年5月頃に収入が大きい場合 決算月が3月で連続する3か月が事業年度をまたがないパターン

適用条件② 基準期間 年収50%を越える連続した3ヶ月

2019年度（年間事業収入：650万円、基準期間事業収入：600万円）

月	4月	5月	6月	7月	8月	9月	10月	11月	12月	1月	2月	3月
万円	150	300	150	10	10	0	0	0	0	0	0	30

適用条件① 対象期間 同月の3か月間 事業収入が50%以上減少

2020年度（対象期間事業収入：250万円）

月	4月	5月	6月	7月	8月	9月	10月	11月	12月
万円	100	100	50	10	0	0	0	0	0

600万円（基準期間事業収入） － 250万円（対象期間事業収入）＝ 350万円
400万円 ＞ 200万円（上限額）　　　　　　給付額200万円

■算定例

毎年3月頃に収入が大きい場合　決算月が3月で連続する3か月が事業年度をまたぐパターン
※この場合は、2018年度・2019年度の確定申告書類の控えの2つを提出してください。

適用条件② 基準期間 年収50%を越える連続した3ヶ月
この場合は、2019年2月～2019年4月（250万円）の月間事業収入の合計が、2019年度の年間事業収入（290万円）に占める割合に基づいて判断。

2018年度

月	4月	5月	6月	7月	8月	9月	10月	11月	12月	1月	2月	3月
万円	60	10	10	10	10	20	20	20	30	30	70	120

2019年度（年間事業収入：290万円）

月	4月	5月	6月	7月	8月	9月	10月	11月	12月	1月	2月	3月
万円	60	20	20	10	10	20	20	20	30	30	30	20

適用条件① 対象期間 同月の3か月間（70万円）事業収入が50%以上減少

2020年度

月	4月	5月	6月	7月	8月	9月	10月	11月	12月
万円	20	10	10	10	10	20	20	20	30

250万円（基準期間事業収入） － 70万円（対象期間事業収入）＝ 180万円
180万円 ＜ 200万円（上限額）　　　　　　給付額180万円

28

（出典）https://www.jizokuka-kyufu.jp/doc/pdf/r2_application_guidance_company.pdf

B-3 合併特例（合併を行った法人）

事業収入の減少を比較する2つの月の間に合併を行った場合であり、対象月の月間事業収入が、前年同月の合併前の各法人事業収入の合計から50％以上減少している場合、添付書類を提出することにより特例の算定式を適用することができます。

※2019年以前に合併を行った法人はこの特例は適用できません。ただし、2019年1月から12月の間に合併した場合は、P25の『B-1【創業特例】』の適用が可能です。

■給付額の算定式

S ＝ A － B × 12

S：給付額
A：合併前の各法人の2019年の年間事業収入の合計
B：合併後の法人の対象月の事業収入

■証拠書類等

① 合併前の法人のそれぞれの2019年の年間事業収入がわかる
　確定申告書類の控えの全て
　※2019年中に複数の事業年度が存在する場合は、2019年中の
　全ての月間事業収入がわかるもの
② 対象月の売上台帳等
③ 通帳の写し
④ 履行事項全部証明書
　※合併の年月日が事業収入を比較する2つの月の間であること。

■算定例

2020年2月にX社とY社が合併してZ社となった場合

  2020年2月1日に合併

X社　2019年
年間事業収入300万円

Y社　2019年
年間事業収入200万円

Z社　2020年
対象月・3月
月間事業収入20万円

A：X社とY社の2019年の年間事業収入の合計
　※事業年度分ではなく、2019年分であることに留意。
B：Z社の対象月の事業収入

（300万円＋200万円）－　20万円　×　12
＝　260万円　＞　200万円（上限額）

給付額　200万円

29

（出典）https://www.jizokuka-kyufu.jp/doc/pdf/r2_application_guidance_company.pdf

B-3 合併特例（合併を行った法人）

■履歴事項全部証明書

合併年月日が2020年1月以降であること、かつ事業収入の減少を比較する2つの月の間であることが条件です。

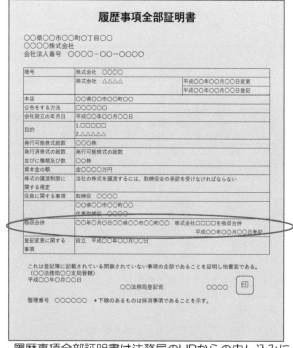

履歴事項全部証明書は法務局のHPからの申し込みにより、オンラインでの発行が可能です。

（出典）https://www.jizokuka-kyufu.jp/doc/pdf/r2_application_guidance_company.pdf

B-4　連結納税特例（連結納税を行っている法人）

連結納税を行っている法人は、それぞれの法人が給付対象の申請要件を満たしている場合、各法人ごとに給付申請を行うことができます。

各法人ごとに申請を行う場合は、各法人の直近の事業年度の連結法人税の個別帰属額等の届出書を確定申告書類の控えの代替として提出してください。

■給付額の算定式（通常申請と同様です）

S ＝ A － B × 12

S：給付額
A：対象月の属する事業年度の直前の事業年度の年間事業収入
B：対象月の月間事業収入

■証拠書類等	① 連結法人税の個別帰属額等の届出書と法人事業概況説明書 ② 申請する法人の対象月の売上台帳等 ③ 通帳の写し

■算定例

親会社Xが子会社A〜Dの4社を連結納税している場合

子会社Aと子会社Bは、給付要件を満たしていないので、申請対象外となります。
子会社Cと子会社Dは、要件を満たしますので、C社とD社それぞれについて、上記の①〜③の書類を準備頂き、それぞれの会社について申請を行うことができます。

親会社X

資本金が要件外	売上減少が要件外	申請OK	申請OK

子会社A	**子会社B**	**子会社C**	**子会社D**
・資本金15億円 ・前年同月比で売上50％以上減	・資本金1億円 ・前年同月比で売上30％減	・資本金1億円 ・前年同月比で売上50％以上減	・資本金1000万円 ・前年同月比で売上50％以上減

（出典）https://www.jizokuka-kyufu.jp/doc/pdf/r2_application_guidance_company.pdf

B-5 罹災特例（罹災の影響を受けた法人）

災害の影響を受けて、本来よりも2019年の事業収入等が下がっている場合は、2018年又は2019年の罹災証明書等（発行する地域によって名称が異なるため、同義の書類であれば添付書類として認められます。）を提出する場合、対象月の属する事業年度の直前の事業年度の事業収入に代えて、罹災した前年度の事業収入と比較して、給付額を算定することができます。確定申告書類の控えは、罹災証明書の前年のものを提出してください。

■給付額の算定式

S ＝ A － B × 12

S：給付額（上限200万円）

A：罹災証明等を受けた日の属する事業年度の直前の事業年度の年間事業収入

B：対象月の月間事業収入

※罹災証明書の名称は各自治体により異なる場合があります。

■証拠書類等

① 罹災証明書等の前事業年度の確定申告書類の控え
② 対象月の売上台帳等
③ 通帳の写し
④ 罹災証明書等（ただし発行年は、2018年又は2019年のものに限ります）

（出典）https://www.jizokuka-kyufu.jp/doc/pdf/r2_application_guidance_company.pdf

B-6　法人成り特例（個人事業者から法人化した者）

事業収入を比較する2つの月の間に個人事業者から法人化した場合は、『法人設立届出書』又は『個人事業の開業・廃業届出書』と『履歴事項全部証明書』を提出することで、法人の対象月の売上台帳等と個人事業者の確定申告書類の控えを比較して申請を行うことができます。
※2019年1月から12月の間に法人化した法人は、この特例は適用できません。ただし、P24の『B-1【創業特例】』の適用が可能です。
給付金の上限額に関しては、
法人設立日が2020年4月1日までの場合は上限200万円になります。
法人設立日が2020年4月2日以降の場合は上限は100万円になります。

■給付額の算定式
S ＝ A － B × 12
S：給付額（上限200万円）
A：2019年の法人化前の個人事業者の事業収入
B：対象月における法人化後の法人の月間事業収入
※給付額の上限額については、法人の設立年月日が2020年4月1日までである場合には200万円を上限とし、2020年4月2日以降の場合には100万円を上限とする。

■証拠書類等

① 個人事業者として提出した2019年分の確定申告書類の控え
　・青色申告の場合：
　　2019年の確定申告書第一表の控え・所得税青色申告決算書の控え

　・白色申告の場合：
　　2019年の確定申告書第一表の控え

② 対象月の売上台帳等

③ 通帳の写し

④ 法人設立届出書
※「設立形態」欄で「個人企業を法人組織とした法人である場合」が選択されており、「整理番号」欄に個人の確定申告の番号を記載していること。

④´ 個人事業の開業・廃業届出書
※「廃業の事由が法人の設立に伴うものである場合」欄に記載があり、その法人名・代表者名が申請内容と一致していること。

⑤ 履歴事項全部証明書
※ 設立日が事業収入を比較する2つの月の間であること。

33

（出典）https://www.jizokuka-kyufu.jp/doc/pdf/r2_application_guidance_company.pdf

B-6　法人成り特例（個人事業者から法人化した者）

■法人設立届出書

「設立形態」欄が①「個人企業を法人組織とした法人である場合」を選択されていること、②「整理番号」欄に個人の確定申告の番号を記載していることが条件です。
※税務署受付印が押印されていること。

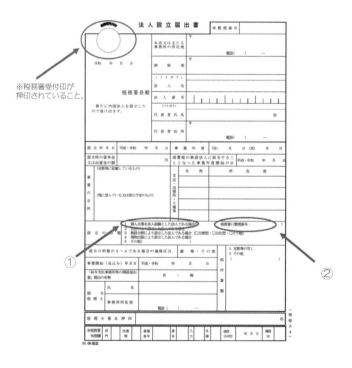

（出典）https://www.jizokuka-kyufu.jp/doc/pdf/r2_application_guidance_company.pdf

B-6　法人成り特例（個人事業者から法人化した者）

■個人事業の開業・廃業等届出書

①「廃業の事由が法人の設立に伴うものである場合」欄に記載が
あり、②その法人名・代表者名が申請内容と一致していること。
※税務署受付印が押印されていること。

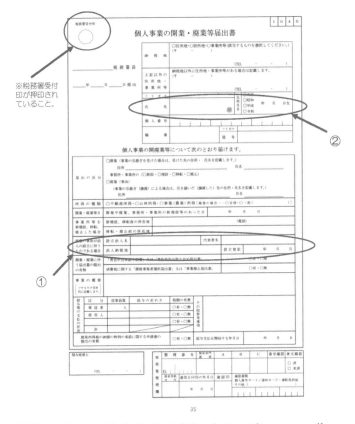

35

(出典) https://www.jizokuka-kyufu.jp/doc/pdf/r2_application_guidance_company.pdf

第3章　持続化給付金　*133*

B-6 法人成り特例（個人事業者から法人化した者）

■履歴事項全部証明書

会社設立の年月日が事業収入を比較する2つの月の間であることが条件です。

履歴事項全部証明書

〇〇県〇〇市〇〇町〇丁目〇〇
〇〇〇〇株式会社
会社法人番号　〇〇〇〇-〇〇-〇〇〇〇

商号	株式会社 〇〇〇〇	
	株式会社 △△△△	平成〇〇年〇〇月〇〇日変更
		平成〇〇年〇〇月〇〇日登記
本店	〇〇県〇〇市〇〇町〇〇	
公告をする方法	〇〇〇〇〇〇	
会社設立の年月日	平成〇〇年〇〇月〇〇日	
目的	1.□□□□□	
	2.△△△△△	
発行可能株式総数	〇〇〇株	
発行済株式の総数並びに種類及び数	発行可能株式の総数〇〇株	
資本金の額	金〇〇〇〇万円	
株式の譲渡制限に関する規定	当社の株式を譲渡するには、取締役会の承認を受けなければならない	
役員に関する事項	取締役 〇〇〇〇	
	〇〇県〇〇市〇〇町〇〇　代表取締役 〇〇〇〇	
登記変更に関する事項	設立 平成〇〇年〇〇月〇〇日	

これは登記簿に記載されている閉鎖されていない事項の全部であることを証明し他書面である。
（〇〇法務局〇〇支局管轄）
平成〇〇年〇〇月〇〇日

〇〇法務局登記官　　　　〇〇〇〇　印

整理番号　〇〇〇〇〇〇　＊下線のあるものは抹消事項であることを示す。

（出典）https://www.jizokuka-kyufu.jp/doc/pdf/r2_application_guidance_company.pdf

B-7　NPO法人や公益法人等特例

公益法人等（法人税法別表第二に該当する法人）及び法人税法以外の法律により公益法人等とみなされる法人（NPO法人等）である場合は、直前の事業年度の年間収入がわかる書類として、下記を確定申告書類の控えの代わりに提出することができます。
※本特例を用いる場合には、給付までに通常よりも時間を要する場合があります。

例）

法人種別	年間収入の計算書類等
学校法人	事業活動収支計算書
社会福祉法人	事業活動計算書
公益財団法人・公益社団法人	正味財産増減計算書

※上記に記載のない法人については、直前の事業年度の年間収入がわかる書類を提出して下さい。

■証拠書類等

① 対象月の属する事業年度の直前の事業年度の年間収入がわかる書類
　※月次の収入を確認できない場合は、対象月の属する事業年度の直前の事業年度の月平均の年間収入と対象月の月間収入を比較することとします。
② 対象月の売上台帳等
③ 通帳の写し
④ 履歴事項全部証明書又は根拠法令に基づき公益法人等の設立について公的機関に認可等されていることがわかる書類等

■給付額の算定式

S ＝ A － B × 12

S：給付額（上限200万円）
A：対象月の属する事業年度の直前の事業年度の年間収入
B：対象月の月間収入

※A・Bは、寄付金、補助金、助成金、金利等による収入など、株式会社等でいう営業外収益に当たる金額を除き、**法人の事業活動によって得られた収入（公益法人等の場合、国・地方公共団体からの受託事業による収入を含む。）のみを対象とする。**

37

（出典）https://www.jizokuka-kyufu.jp/doc/pdf/r2_application_guidance_company.pdf

2. 個人事業者等

A：証拠書類等に関する特例

A−1	2019年分の確定申告の義務がない、その他相当の事由により提出できない場合
A−2	「確定申告期限の柔軟な取扱いについて」（令和2年4月6日国税庁）に基づき、2019年分の確定申告を完了していない場合、又は、住民税の申告期限が猶予されており当該申告が完了していない場合その他相当の事由により提出できない場合

B：給付額に関する特例

B−1	新規開業特例 （2019年1月から12月までの間に開業した者に対する特例）
B−2	季節性収入特例 （月当たりの事業収入の変動が大きい者に対する特例）
B−3	事業承継特例 （事業収入を比較する2つの月の間に事業承継を受けた者に対する特例）
B−4	罹災特例 （2018年又は2019年に発行された罹災証明書等を有する者に対する特例）

A-1 、A-2 証拠書類等の特例

2019年の事業収入に関する証拠書類等として、2019年分の確定申告書類の控えを提出できない場合は、下記の2つのうちいずれかを代替の証拠書類等として提出してください。なお、提出する書類により給付金の算定方法が異なりますので、あわせて申請金額の算定方法についても確認の上、申請してください。

A-1 2019年分の確定申告の義務がない場合やその他相当の事由により提出できない場合

→ 2019年分の市町村民税・特別区民税・都道府県民税の申告書類の控え（収受印の押印されたもの）を提出してください。

※収受印のない場合の扱いは、確定申告書第一表に収受日付印のない場合の扱いに準じます。

A-2 「確定申告期限の柔軟な取扱いについて」に基づいて、2019年分の確定申告を完了していない場合、住民税の申告期限が猶予されており当該申告が完了していない場合又はその他相当の事由により提出できない場合

→ 2018年分の確定申告書類等の控え又は2018年分の住民税の申告書類の控えを提出してください。

26

（出典）https://www.jizokuka-kyufu.jp/doc/pdf/r2_application_guidance_proprietor.pdf

A-1、A-2 証拠書類等の特例

● 市町村民税・特別区民税・都道府県民税を提出した場合の給付金の算定方法

上記の書類は、月別の収入が確認できないため、年間事業収入を12か月で割って、月平均の事業収入を算定し、2020年の対象月の事業収入がこれと比較して50%以上減少している場合は、給付対象となります。

例1）2019年の年間事業収入が300万円　2020年3月の月間事業収入が10万円

■給付額の算定式
2019年の年間事業収入 300万円÷12か月＝月平均の事業収入25万円
2020年3月の月間事業収入 10万円（50%以上減少）
300万円　－　10万円　×　12＝　180万円　＞　100万円（上限額）

　　　　　　　　　　　　　　　　　　　　　　　<u>給付額　100万円</u>

● 2018年分の確定申告書類の控えを用いる場合の給付金の算定方法

例2）紛失等のため2019年分の確定申告書類の控えが手元にない場合

2018年分の確定申告書類の控えを提出する場合は、事業収入の比較は、2018年と比較することになります。
2018年が288万円の売上だった場合、月平均の売上は24万円

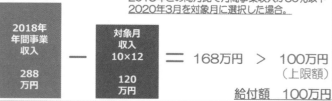

	1月	2月	3月	4月	5月	6月	7月	8月	9月	10月	11月	12月
18年	24	24	24	24	24	24	24	24	24	24	24	24
19年			※紛失等のため手元にない場合									
20年	15	15	10									

2018年との同月比で月間事業収入が50%以下
<u>2020年3月を対象月に選択した場合。</u>

| 2018年
年間事業
収入

288
万円 | － | 対象月
収入
10×12

120
万円 | ＝ | 168万円　＞　100万円
（上限額）
<u>給付額　100万円</u> |

（出典）https://www.jizokuka-kyufu.jp/doc/pdf/r2_application_guidance_proprietor.pdf

B-1新規開業特例（2019年に新規開業した事業者）

　2019年1月から12月末までに新規開業した事業者は、下記の適用条件を満たし、かつ新規開業を確認できる書類を提出する場合に限り、特例の算定式の適用を選択することができます。（④又は④´を追加提出してください。）

●適用条件
2020年の対象月の月間収入が、
2019年の月平均の事業収入より50%以上減少している場合。

■給付額の算定式
S ＝ A ÷ M × 12 － B × 12
S：給付額（上限100万円）
A：2019年の年間事業収入
M：2019年の開業後月数（開業した月は、操業日数にかかわらず、1か月とみなす）
B：対象月の月間事業収入

■証拠書類等① 2019年分の確定申告書類の控え
　　　　　② 対象月の売上台帳等
　　　　　③ 通帳の写し
　　　　　④ 個人事業の開業・廃業等届出書
　　　　　　　（開業日2019年12月31日以前かつ提出日2020年4月1日以前）
　　　　　　 又は、事業開始等申告書
　　　　　　　（開始年月日2019年12月31日以前かつ申告日が2020年4月1日以前）
　　　　　④´ 開業日、所在地、代表者、業種、書類提出日の記載がある書類
　　　　　※④´を用いる場合は、給付までに通常よりも時間を要する場合があります。

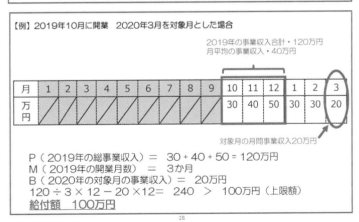

【例】2019年10月に開業　2020年3月を対象月とした場合

2019年の事業収入合計・120万円
月平均の事業収入・40万円

月	1	2	3	4	5	6	7	8	9	10	11	12	1	2	3
万円										30	40	50	30	30	20

対象月の月間事業収入20万円

P（2019年の総事業収入）＝　30 + 40 + 50 = 120万円
M（2019年の開業月数）　＝　3か月
B（2020年の対象月の事業収入）＝　20万円
120 ÷ 3 × 12 － 20 ×12＝　240　＞　100万円（上限額）
給付額　100万円

28

（出典）https://www.jizokuka-kyufu.jp/doc/pdf/r2_application_guidance_proprietor.pdf

B-1 新規開業特例（2019年に新規開業した事業者）

■個人事業の開業・廃業等届出書

当該届出書は、開業日が2019年12月31日以前であり、
かつ当該届出書の提出日が2020年4月1日以前であること。
※税務署受付印が押印されていること。

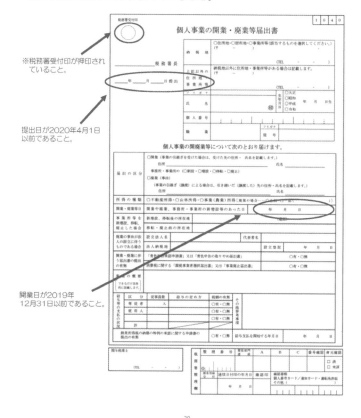

（出典）https://www.jizokuka-kyufu.jp/doc/pdf/r2_application_guidance_proprietor.pdf

B-1 新規開業特例（2019年に新規開業した事業者）

■事業開始等申告書

当該申告書は、開始・廃業・変更等の年月日に記載した開始日が
2019年12月31日以前であり、かつ当該申告書の申告日が
2020年4月1日以前であること。
※受付印等が押印されていること。

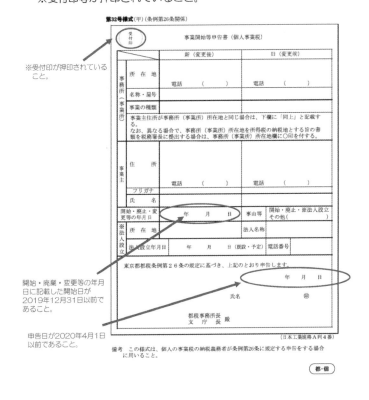

（出典）https://www.jizokuka-kyufu.jp/doc/pdf/r2_application_guidance_proprietor.pdf

B-2 季節性収入特例（月当たりの収入変動が大きい事業者）

収入に季節性がある場合など、特定期間の事業収入が年間事業収入の大部分を占める事業者については、下記の適用条件を満たす場合に限り、特例の算定式の適用を選択することができます。

※ただし、P.15又はP.17の所得税青色申告決算書を提出しており、月次の事業収入が記載されている場合のみ、この特例を選択することができます。

●適用条件：①・②の両方を満たす必要があります。

適用条件①：少なくとも2020年の任意の１か月を含む連続した３か月（対象期間）の事業収入の合計が、前年同期間の3ヶ月（以下「基準期間」という）の事業収入の合計と比べて50％以上減少していること。

適用条件②：基準期間の事業収入の合計が2019年の年間事業収入の50％以上を占めること。ただし、基準期間が2018年にまたがる場合においても、基準期間の事業収入の合計が2019年の年間事業収入の50％以上を占めること。

※対象期間の終了月は2020年12月以前とする。

■給付額の算定式
S ＝ A － B
S：給付額（上限100万円）
A：基準期間の事業収入の合計
B：対象期間の事業収入の合計

■証拠書類等	① 2019年分の確定申告書類の控え
	※基準期間が複数年にまたがる場合には当該年分全て
	② 対象期間の売上台帳等
	③ 通帳の写し
	④ 本人確認書類

【例】毎年3月頃に収入が大きい者の場合

基準期間（適用条件②）　　　50％以上減少（適用条件①）　　　対象期間
年収50%を越える連続した3ヶ月　　　　　　　　　　　　　　　同月の3か月間

月	1	2	3	4	5	6	7	8	9	10	11	12	1	2	3	4
万円	0	0	300	200	0	0	0	0	0	0	0	0	0	0	100	100

（通常の算定式を用いると、500－100×12＜0となり給付額はゼロ。）
特例を適用すると

500万円（基準期間事業収入）　－　200万円（対象期間事業収入）＝ 300万円
300万円＞100万円（上限額）

給付額100万円

（出典）https://www.jizokuka-kyufu.jp/doc/pdf/r2_application_guidance_proprietor.pdf

B-3事業承継特例（事業承継を受けた事業者）

事業収入を比較する2つの月の間に事業の承継を受けた事業者で、対象月の月間事業収入が前年同月の承継前の事業者の事業収入から５０％以上減少している場合、下記の証拠書類等を提出することにより特例の算定式を適用することができます。
※2019年1月から12月の間に事業の承継を受けた場合は、この特例は適用できません。ただし、P27の『B-1新規開業特例』の適用が可能です。

■給付額の算定式
S ＝ A － B × 12
S：給付額（上限100万円）
A：事業の承継を行った者の2019年の年間事業収入
B：事業の承継を受けた事業者の対象月の月間事業収入

■証拠書類等
① 2019年分の確定申告書類の控え
　※事業の承継を行った者の名義によるもの
② 対象月の売上台帳等
③ 通帳の写し
④ 個人事業の開業・廃業等届出書
　※「届出の区分」欄において「開業」を選択していること。
　※2019年分の確定申告書類の控えに記載の住所・氏名からの事業の引継ぎが行われていることが明記されていること。
　※「開業・廃業等日」欄において開業日が2020年1月1日から同年4月1日までの間とされていること。
　※提出日が開業日から１ヶ月以内であり、税務署受付印が押印されていること。

例）2020年2月に事業者Xから事業者Yが事業承継を行った場合の給付額の算定

	1月	2月	3月	4月	5月	6月	7月	8月	9月	10月	11月	12月
19年	20	20	20	20	20	20	20	20	20	20	20	20
	事業者X											
20年	18	10 対象月					事業者Y					

A（事業の承継を行った者の2019年の年間事業収入）　＝　240万円
B（事業の承継を受けた者の対象月の月間事業収入）　＝　10万円

240 － 10 × 12 ＝ 120 ＞ 100万円（上限額）

<u>給付額100万円</u>

32

（出典）https://www.jizokuka-kyufu.jp/doc/pdf/r2_application_guidance_proprietor.pdf

B-3 事業承継特例（事業承継を受けた事業者）

■個人事業の開業・廃業等届出書
① 税務署受付印が押印されていること。
② 「届出の区分」欄において「開業」を選択していること。
③ 2019年分の確定申告書類の控えに記載の住所・氏名からの事業の引継ぎが行われていることが明記されていること。
④ 「開業・廃業等日」欄において開業日が2020年1月1日から同年4月1日までの間とされていること。
⑤ 提出日が開業日から1ヶ月以内であり、税務署受付印が押印されていること。

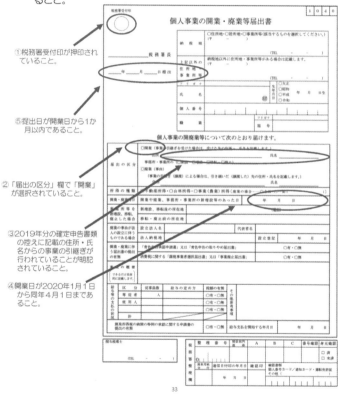

（出典）https://www.jizokuka-kyufu.jp/doc/pdf/r2_application_guidance_proprietor.pdf

B-4 罹災特例（罹災の影響を受けた事業者）

　災害の影響を受けて、本来よりも2019年の事業収入等が下がっている場合は、2018年又は2019年の罹災証明書等（発行する地域によって名称が異なるため、同義の書類であれば証拠書類等として認められます。）を提出する場合に限り、２０１９年の事業収入に代えて、罹災した前年の事業収入と比較して、給付額を算定することができます。確定申告書類の控えは、罹災証明書の前年のものを提出してください。

```
様式第　号（第　条関係）


            罹 災 証 明 書（        認定用）


  申 請 者 氏 名  │

  申 請 者 住 所  │

  被　災　原　因  │

  被 災 住 家 等 の 所 在 地  │

  被 災 住 家 等 の 種 類 等  │

  申請者と被災住家等の関係  │

  罹 災 証 明 内 容  │

  浸 水 の 有 無 等  │


  上記のとおり相違ないことを証明する。

    第　　　号

    　　年　月　日

            市長　　　　　　　印


  ＊交付 No.

  ＊罹災証明書担当課
    処理番号
```

※罹災証明書の名称は各自治体により異なる場合があります

■証拠書類等
　① 罹災前年分の確定申告書類の控え
　② 対象月の売上台帳等
　③ 通帳の写し
　④ 罹災証明書等（ただし発行年は、2018年又は2019年のものに限ります）

34

（出典）https://www.jizokuka-kyufu.jp/doc/pdf/r2_application_guidance_proprietor.pdf

持続化給付金に関するよくあるお問合せ

Q1：給付金の概要について。

A1：売上が前年同月比で50％以上減少している事業者を対象に、中小法人等の法人は200万円、フリーランスを含む個人事業者は100万円を上限に、現金を給付するものです。様々な業種、会社以外の法人など、幅広く対象としています。

Q2：営利型の一般財団法人や一般社団法人は対象になるのか。

A2：「持続化給付金申請要領（申請のガイダンス）中小法人等向け）」（https://www.meti.go.jp/covid-19/pdf/kyufukin_chusho.pdf）のP.6に記載の要件を満たす法人は対象となります。

Q3：今年創業したが対象になるのか。（昨年創業の場合は申請要領を確認のこと）

A3：給付額は前年の売上高等に基づいて算出しますが、2020年1月以降に創業された方は、給付額の算定根拠を確認することが困難であること等を勘案し対象としていません。

持続化給付金の対象にはなりませんが、他の支援策をご活用いただけます。具体的には、実質無利子・無担保で最大5年間元本据置きの融資や、税、社会保険料、公共料金の延納による支払い負担の緩和、家主に対する家賃の徴収猶予の検討要請などがあります。

これに加え、令和2年度補正予算で、販路開拓を補助する持続化補助金に特例措置を創設し、非対面販売を行うなど感染症対策を講じる場合に、上限額を通常の2倍にあたる100万円に引き上げます。

更に、この特例措置では、通常では対象とならない支出済みの経費も補助対象とします。補助金の事業完了を待たず、即時に支払うという特別の取扱いもあります。

＜各種施策をまとめたパンフレットはこちら＞

→「新型コロナウイルス感染症で影響を受ける事業者の皆様へ」(https://www.meti.go.jp/covid-19/pdf/pamphlet.pdf)

→また、持続化給付金を申請するにあたり、給付額の算定および証拠書類等について、別途必要な書類をご用意、提出をすることで、特例の適用を受

けられる場合があります。

・中小法人等について→https://www.jizokuka-kyufu.jp/subject/#exception_corporation
・個人事業者等について→https://www.jizokuka-kyufu.jp/subject/#exception_solo

Q4：複数の事業所や部門がある場合、切り分けて申請することはできるのか。

A4：申請は、法人又は個人事業者単位で認められるため、事業所や部門などが個々に申請することはできません。

Q5：事業の施設を有していることが申請の要件になるのか。

A5：施設の有無は要件ではありません。

Q6：前年同月比の売上減少幅が50％に満たないが給付されないのか。

A6：足下で売上が例えば3～4割減少にとどまる事業者についても、2020年1～12月のいずれかの月において、前年同月と比較して売上が50％以上減少していれば対象となります。

Q7：副業している場合はどうなるのか。

A7：確定申告において事業収入がある場合は、対象になります。

Q8：算出方法における売上とは何か。

A8：詳細は申請要領に記載していますが、確定申告書類において事業収入として計上するものです。収入の総額から経費等を差し引いた利益ではありません。**また、不動産収入や給与収入、雑所得等は含みません。**

Q9：支給された給付金の使い方に制限はあるのか。

A9：使途は限定されていないため、個々の状況に応じて事業継続のために広くお使いいただけます。

Q10：申請方法は電子だけなのか。

A10：迅速に給付を行う観点等から、電子申請を原則としています。

また、電子申請に不慣れな方や困難な方に対しても、感染症防止対策も講じた上で、予約制の申請支援（必要情報の入力等）を行う申請サポート会場を全国に順次設置する予定です。

→スマートフォンでも申請が可能です。

（推奨環境）

Android 6.0 以降向け Google Chrome™ の最新安定バージョンと iOS 向け Apple® Safari® の最新安定バージョン

→ID、パスワードを入力してマイページを作成し、申請を行うことになりますので、ID、パスワードはご自身で管理しましょう（忘れてしまった場合は、マイページにログインできなくなったり、「申請」ボタンからやり直すことになりますので、ご注意ください）。

→**電子申請を行った後に取り消すことはできません。申請前に不備等がないことを十分に確認してから申請するようにしましょう。**

申請に必要な証拠書類等については、電子申請の際に添付できるよう事前に電子化しておきましょう。データ形式はPDF・JPG・PNGのいずれかでかまいません。スキャナーで読み取ったデータ（明瞭な写真でも可）を用意しましょう。

なお、必要な証拠書類等につきましては、下記をご確認ください。

・中小法人等について→https://www.jizokuka-kyufu.jp/procedures_flow/#procedures-tab_corporation

・個人事業者等について→https://www.jizokuka-kyufu.jp/procedures_flow/#procedures-tab_solo

→申請サポート会場の利用に際しての注意点や、開催場所などの詳細については、後日、中小企業庁の「持続化給付金」事務局のホームページ（https://www.jizokuka-kyufu.jp/）へ掲載される予定です。この申請サポート会場のご利用にあたっては、新型コロナウイルス感染防止のため、事前予約が必要となり、同ホームページから予約をするシステムになります。

Q11：代理の名義で申請は可能なのか。

A11：申請は、法人（代表者）、個人事業者ともに、本人による申請となります。

電子申請の際、身近な方や日頃手続きのご相談をされている方などに、申請の支援をして頂くことは問題ありません。

ただし、持続化給付金の代理申請や代行入力などを装った詐欺にはご注意ください。

Q12：確定申告書類の控えに収受印がない場合やe-Taxの場合はどうすればよいか。

A12：＜中小法人等の場合＞

提出していただく確定申告書類の控えは、**必ず収受印（※）が押印されているもの**を提出してください。

（※）税務署印（もしくは税理士印）

e-Tax の場合は、「受信通知」を提出してください。

もし、確定申告書類の控えに収受印が押印されていない場合は、代わりとして、税理士による押印及び署名がなされた月ごとの事業収入を証明する書類（様式自由）を提出してください。

＜個人事業者等の場合＞

提出していただく確定申告書類の控えは、**必ず収受印（※）が押印されているもの**を提出してください。

（※）税務署印（もしくは青色申告会印・自治体印でも申請することはできますが、証拠書類等の確認に時間を要します）

e-Tax の場合は、「受信通知」を提出してください。

もし、確定申告書類の控えに収受印が押印されていない場合は、収受印の代わりとして納税証明書（その２）を提出してください。

納税証明書（その２）も提出できない場合は、証拠書類等の確認に時間を要するため、給付までに大幅

に時間を要します。なお、証拠書類等の真正性が確認できないときは給付できない場合があります。

Q13：いつ支給されるのか。

A13：通常、申請から2週間程度でご登録の口座に入金する予定です。給付が決定した方には給付決定通知を送付します。

→持続化給付金事務局の確認が終了した際には、給付通知（不支給の場合には不支給通知）が送付されます。通知が到着した際には内容をご確認ください。なお、申請に不備・不明点があれば、メールでお知らせがきますので、マイページを確認するようにしてください。

Q14：複数回受給することは可能か。

A14：複数回の受給はできません。

Q15：持続化給付金は課税の対象となるのか。

A15：持続化給付金は、極めて厳しい経営環境にある事業者の事業継続を支援するため、使途に制約のない資金を給付するものです。これは、税務上、益金（個人事業者の場合は、総収入金額）に算入されるもの

ですが、損金（個人事業者の場合は必要経費）の方が多ければ、課税所得は生じず、結果的に課税対象となりません。

Q16：特別定額給付金や都道府県の協力金等と、持続化給付金の併給は可能か。

A16：持続化給付金については、他の給付金や協力金、各種補助金等との併給は可能です。他の給付金等が持続化給付金を含む各種給付金等と併給が可能かについては、制度を運用する自治体等にご確認ください。

Q17：持続化補助金は給付金とは何が違うのか。

A17：持続化「給付金」は、前年同月比の売上げが50％以上減少した中小法人等、個人事業者に対し、事業全般に広く使える資金として、法人は最大200万円、個人事業者は最大100万円を給付するものであり、補助金とは異なり使途の確認等は行いません。
一方、持続化「補助金」は、商工業者を対象として、売上げ減少に関係なく、サービス、卸、小売業は従業員5人以下、製造業その他は20人以下の小規模事業者の販路開拓の取組を支援するものであり、最大50万円（創業者は100万円）、補助率2／3の補助金です。

事業実施後、使途の確認を行い、適正な支出について
補助を行うものであり、別の制度になります。

Q18：事業収入を比較する２つの月の間に、中小法人等か
ら個人事業者等に事業の形態を変更（以下「個人成
り」という。）した場合にも申請が可能か。

A18：2019 年 1 月から 12 月の間に個人成りした場合は、
持続化給付金申請要領（個人事業者等向け）（https://
www.meti.go.jp/covid-19/pdf/kyufukin_kojin.pdf）の P.28
「B-1 新規開業特例」と同様の扱いをすることがで
きます。詳細は当該ページをご確認下さい。

Q19：事業収入を比較する２つの月の間に、2019 年に個人
事業者として複数の事業を行っていたが、2020 年４
月１日までの間に複数の事業をそれぞれ個別の法人と
して設立した。この場合の計算はどのように行うのか。

A19：過去の事業収入を証明する証拠書類等（ここでは
2019 年の個人事業者の確定申告書類）が同一名義
の場合、申請は一回に限ります。2019 年の個人事
業者の確定申告書類と、設立後のいずれか１つの
法人の対象月の事業収入を比較してください。こ
の場合、持続化給付金申請要領（中小法人等向け）

（https://www.meti.go.jp/covid-19/pdf/kyufukin_chusho.pdf）P.33「B-6 法人成り」特例を活用することができます。詳細は当該ページをご確認下さい。

なお、個人事業者が一部事業について法人成りした後も個人事業を並行して継続している場合や、法人が法人分割により複数の法人となっている場合にも、同様の考え方とします。

Q20：消費税の申告書類での申請は可能か。

A20：消費税の申告書類は証拠書類としてお使いいただけません。中小法人等の場合には法人税の確定申告書別表一、個人事業者等の場合には所得税の確定申告書第一表を証拠書類としてご準備ください。

お問合せ先

持続化給付金事業 コールセンター

直通番号：0120-115-570

IP 電話専用回線：03-6831-0613

受付時間：8 時 30 分〜 19 時 00 分

（5 月・6 月（毎日）、7 月から 12 月（土曜日を除く））

（出典：https://www.meti.go.jp/covid-19/jizokuka-qa.html）
（出典：https://www.jizokuka-kyufu.jp/）

【第4章】

東京都感染拡大防止協力金

※自粛期間の延長に伴い、追加の協力金の予定もあります。

東京都は、４月15日に「新型コロナウイルス感染等拡大防止のため、**都の要請や協力依頼に応じて、施設の使用停止等に全面的に協力いただける中小の事業者の皆様に対し**、協力金を支給いたします」と、その実施概要を発表した「東京都感染拡大防止協力金」につきまして、４月22日より受付を開始しました（**申請受付期間が令和２年６月15日（月）までですので、ご留意ください**）。

　以下、その概要等を「東京都感染拡大防止協力金のご案内」（https://www.tokyo-kyugyo.com/index.html#Outline）より抜粋、一部加筆し、ご紹介いたします。

　なお、東京都は、５月５日に新型コロナウイルス特別措置法に基づく緊急事態措置期間が５月31日まで延長することを受け、５月７日以降の措置期間において、都の休業要請等に協力する中小企業者に対する協力金の取扱いについては、改めて発表があるとのことですので、今後も注視するようにしてください。

緊急事態措置期間の延長について

このたび、緊急事態措置期間が５月31日まで延長することとなりました。
令和2年5月7日からの措置期間において、都の休業要請等にご協力いただける中小事業者の皆様に対する協力金の取扱いにつきましては、改めてお知らせいたします。
引き続きご協力お願いいたします。

（出典）https://www.tokyo-kyugyo.com/

協力金の概要

●趣旨

　新型コロナウイルスによる感染が拡大する中、東京都は、「新型コロナウイルス感染拡大防止のための東京都における緊急事態措置等」（令和2年4月10日公表、以下「緊急事態措置」といいます。）において、事業者の皆様に施設の使用停止や施設の営業時間の短縮（以下「休業等」といいます。）へのご協力をお願いいたしました。

　この依頼に応じて、休業等の対象となる施設（以下「対象施設」といいます。）を運営されている方で、休業等に全面的に協力いただける都内中小企業及び個人事業主の皆様に対して、「東京都感染拡大防止協力金」（以下「協力金」といいます。）を支給いたします。

●支給額

　50万円（2事業所以上で休業等に取り組む事業者は100万円）

申請方法

1　専門家による申請要件や添付書類の確認

　本協力金は、専門家が申請要件を満たしているか、添付書類が十分かなどについて事前に確認することにより、円滑な申請と支給を目指しています。なお、専門家による事前確認がなくとも申請いただくことは可能ですが、追加書類の提出を求めたり、確認のための連絡をすることがあるので、支給まで時間を要する場合があります。円滑な申請と支給に向けて、専門家の確認を受けていただくようお願いします。事前確認を行う専門家は以下のとおりです。

（対象となる専門家）　●東京都内の青色申告会

　　　　　　　　　　　●**税理士**

　　　　　　　　　　　●**公認会計士**

　　　　　　　　　　　●中小企業診断士

　　　　　　　　　　　●行政書士

※これまでにアドバイスや指導を受けている上記に該当する専門家がいる場合は、その方へ事前確認を依頼してください。

※専門家に依頼した事前確認にかかる費用については、一定の基準により東京都が別に措置いたしますので、そのことを前提に専門家とご協議ください。

※申請内容について、東京都から当該専門家に照会することがあります。

※（一社）東京青色申告会連合会では、都内各地区の青色申告会を紹介するサイトを運営していますのでご活用ください。

　→ http://www.tokyo-aoiro.or.jp/new/soshikigaiyou.html

　・ご利用の際は、必ず事前に依頼先にお問い合わせください。

2　申請書類の提出

オンライン提出の場合

本協力金ポータルサイト（以下、「ポータルサイト」といいます。）から提出ができます。

　→ https://www.tokyo-kyugyo-form.com

なお、6月15日（月曜日）23時59分までに送信を完了してください。

東京都感染拡大防止協力金　申請サイト

**東京都感染拡大防止協力金
申請サイト**

申請するには以下の書類（※データファイル、1ファイル4MB以内のjpg（jpeg含む）、png、PDF）が必要です。
書類に不備がある場合は申請できません。

- 東京都感染拡大防止協力金申請書兼事前確認書（表・裏）
- 誓約書
- 緊急事態措置以前から営業活動を行っていることがわかる書類
  確定申告書〔控え〕（電子申告の受信通知のあるもの、または税務署の受付印のあるもの）
  なお、税務署の受付印がない場合、これから税務署へ行っても受付印は受領できませんので、
  税務署に行くこと及び問合せを行うことは避けてください。
    ※直近3か月以内の月末締帳簿　等
- 業種に係る許可や免許を適正に取得していることがわかる書類
  （飲食店営業許可、酒類販売業免許　等）
- 本人確認書類
  ※【法人】代表者の運転免許証、パスポート、保険証などの書類
  ※【個人】運転免許証、パスポート、保険証などの書類
- 休業等の状況がわかる書類
  （例：休業を告知するHP、店頭ポスター、チラシ、DM）
  ※複数店舗休業の場合、店舗数分

☐ 準備ができたので申込する

申込画面へ

（出典）https://www.tokyo-kyugyo-form.com/

郵送の場合

　申請書類を次の宛先に郵送することで提出することができます。

　なお、簡易書留など郵便物の追跡ができる方法で郵送ください。6月15日（月曜日）の消印有効です。

（宛先）

〒163-8697 東京都新宿区西新宿2-8-1 都庁第一本庁舎

　　　　東京都感染拡大防止協力金 申請受付

※切手を貼付の上、裏面には差出人の住所及び氏名を必ず

　ご記載ください。

持参の場合

　申請書類をお近くの都税事務所・支所庁舎内に設置した専用ボックスに投函することで提出ができます。封筒に、「東京都感染拡大防止協力金申請書類在中」と明記してください。

（都税事務所・支所所在地）

　→ https://www.tax.metro.tokyo.lg.jp/jimusho/index.html#L2

　開庁時間は、8時30分から17時00分まで（土、日、祝日を除く）となります。6月15日（月曜日）の17時00分までに投函してください。

　なお、対面での受付・説明は行いません。ご不明な点は下記の問合せ先で対応させていただきます。

東京都緊急事態措置等・感染拡大防止協力金相談センター

（電話）03-5388-0567

（受付時間）午前9時から午後7時まで

　　　　　　（土、日、祝日も開設しています）

申請要件

　本協力金の申請要件は、次の全ての要件を満たす方（以下、「申請者」といいます。）とします。

1　東京都内に主たる事業所又は従たる事業所を有し、かつ中小企業基本法（昭和 38 年法律第 154 号）第 2 条に規定する中小企業及び個人事業主で、大企業が実質的に経営に参画していない方が対象です。

2　緊急事態措置を実施する前（令和 2 年 4 月 10 日以前）から、次のいずれかの対象施設に関して必要な許認可等を取得の上、運営している方が対象です。

(1)「基本的に休止を要請する施設」に属し、休止を要請されている施設

(2)「施設の種別によっては休業を要請する施設」に属し、休止を要請されている施設

(3)「社会生活を維持するうえで必要な施設」の内、「食事提供施設」に属し、営業時間短縮の協力を要請されている施設

※対象施設一覧（東京都総務局 HP）（後掲 P193 参照）

→ https://www.bousai.metro.tokyo.lg.jp/1007617/index.html

3 緊急事態措置の全ての期間（令和2年4月11日から令和2年5月6日まで）の内、少なくとも令和2年4月16日から令和2年5月6日までの全ての期間において、東京都の要請に応じ、休業等を行うことが必要です。

※申請書には、4月16日から5月6日までの期間について休業等の状況を記載していただきます。

4 申請事業者の代表者、役員又は使用人その他の従業員若しくは構成員等が東京都暴力団排除条例第2条第2号に規定する暴力団、同条第3号に規定する暴力団員又は同条第4号に規定する暴力団関係者に該当せず、かつ、将来にわたっても該当しないことが必要です。

また、上記の暴力団、暴力団員及び暴力団関係者が、申請事業者の経営に事実上参画していないことが必要です。

Step1　申請書類の入手

⑴東京都感染拡大防止協力金のポータルサイトにてダウン
ロードできます

東京都感染拡大防止協力金【申請受付要項】

　→ https://www.tokyo-kyugyo.com/downloads/guidelines.pdf

東京都感染拡大防止協力金申請書兼事前確認書

・Excel ファイル

・PDF ファイル（後掲 P169）

・記入例（PDF ファイル）（後掲 P172）

誓約書

・PDF ファイル（後掲 P175）

・記入例（PDF ファイル）（後掲 P176）

支払金口座振替依頼書

・Word ファイル

・PDF ファイル（後掲 P177）

・記入例（PDF ファイル）（後掲 P178）

⑵**都関係機関等での配布**

次の都関係機関等において入手することができます。

・**都税事務所・支所**

　→ https://www.tax.metro.tokyo.lg.jp/jimusho.pdf

・**都内区市町村**

Step2　申請書類の準備

　別表1（次ページに掲載）で規定する申請書類を提出してください。必要に応じて追加書類の提出及び説明を求めることがあります。また、申請書類の返却はいたしません。

●別表1

申 請 書 類 に つ い て
1 東京都感染拡大防止協力金申請書兼事前確認書（別紙1） （※）協力金の円滑な支給を図るため、裏面に専門家による事前確認欄を設けています。事前確認を受けた場合は、専門家に必ず記入してもらってください。 （※）オンライン申請の場合は、表面及び裏面全体をスキャナ又は写真で取り込み送信してください。 （※）本協力金の申請をする際には、併せて申請書の写しを必ず専門家に渡してください。 （※）複数事業所について申請される方は1回の申請にまとめる必要があります。
2 誓約書（別紙2） （※）誓約書の最下部にある所在地、名称及び代表者名などの欄は、必ず自署でお願いします。 （※）オンライン申請の場合は、誓約書全体をスキャナ又は写真で取り込み送信してください。
3 緊急事態措置以前から営業活動を行っていることがわかる書類（次の（1）、（2）及び（3）の書類が全て必要となります。） （1）営業活動を行っていることがわかる書類（写しで可） 　　　緊急事態措置以前から営業活動を行っていることがわかるよう、法人、個人ともに直近の確定申告書（税務署の受付印又は電子申告の受信通知のあるもの）を提出してください。 　　　（※）上記書類のみでは、緊急事態措置公表時点に営業活動を行っていたことがわからない場合、直近の月末締め帳簿を添付するなど緊急事態措置時点の営業実態がわかる資料を添付してください。 　　　（※）設立後決算期や申告時期を迎えていない場合は、個人事業の開業・廃業等届出書（都内税務署の受付印があるもの）又は法人設立設置届出書（都内税務署の受付印があるもの）及び直近の月末締め帳簿を添付するなど緊急事態措置時点の営業実態がわかる資料を添付してください。 　　　（※）申請する事業所ごとの外景（社名や店舗名入り）及び内景の写真並びに事業所ごとの月末締め帳簿など緊急事態措置時点の事業所ごとの営業実態がわかる資料を添付してください。 （2）業種に係る営業に必要な許可等を全て取得していることがわかる書類（写しで可） 　　　対象施設の運営にあたり、法令等が求める営業に必要な許可等を取得していることがわかる書類等を提出してください。 　　　（例）飲食店営業許可、酒類販売業免許　等 （3）本人確認書類（写しで可） 　　　本人確認のために、次の書類等を提出してください。 　　　（法人）法人代表者の運転免許証、パスポート、保険証等の書類 　　　（個人）運転免許証、パスポート、保険証等の書類
4 休業等の状況がわかる書類（写しで可） 　　　（例）休業を告知するHP、店頭ポスター、チラシ、DM　等 　　　（※）休業する事業所等の名称や状況（休業の期間、営業時間の変更）がわかるよう工夫してください。 　　　（※）複数の施設が混在している場合、対象の施設部分が休業等を確実に実施していることがわかる書類を用意してください。
5 支払金口座振替依頼書（別紙3）　※オンライン申請の場合は押印不要

（出典）https://www.tokyo-kyugyo.com/downloads/guidelines.pdf

●東京都感染拡大防止協力金申請書兼事前確認書

東京都感染拡大防止協力金申請書兼事前確認書

東京都緊急事態措置に伴う休業等の要請に基づき、以下のとおり取り組むため、東京都感染拡大防止協力金を申請します。なお、下記に記載した事項については事実と相違ありません。

令和 2 年　　月　　日

　　　　　　　　　　　　　　　　　　　　申請事業主　　　　〒

東京都知事　殿　　　　　　　　　　　　所在地

　　　　　　　　　　　　　　　　　　　　名称

　　　　　　　　　　　　　　　　　　　　代表者
　　　　　　　　　　　　　　　　　　　　職氏名
　　　　　　　　　　　　　　　　　　　　記

対象施設の情報	基本情報	フリガナ				左記の他に		所
		名称						
		フリガナ				※休業する都内事業所が2か所以上ある場合は、左記以外のその全てを裏面に記載ください。		
		住所						
		電話番号		営業内容		特記事項		
	業態等	種類		施設				

取組内容	営業時間の短縮（食事提供施設の場合）	全面休業	☐ 4月16日(木)から5月6日(水)まで、全ての期間休業します。
			☐ (1) 4月16日(木)から5月6日(水)まで、19時以降に酒類を提供しません。
			☐ (2) 4月16日(木)から5月6日(水)まで、以下のとおり営業時間を短縮（休業）します。

日付		【従来の営業時間】	【期間中の実際の営業時間】	【備考】
4/16	木	～	⇒ ～	
4/17	金	～	⇒ ～	
4/18	土	～	⇒ ～	
4/19	日	～	⇒ ～	
4/20	月	～	⇒ ～	
4/21	火	～	⇒ ～	
4/22	水	～	⇒ ～	
4/23	木	～	⇒ ～	
4/24	金	～	⇒ ～	
4/25	土	～	⇒ ～	
4/26	日	～	⇒ ～	
4/27	月	～	⇒ ～	
4/28	火	～	⇒ ～	
4/29	祝	～	⇒ ～	
4/30	木	～	⇒ ～	
5/1	金	～	⇒ ～	
5/2	土	～	⇒ ～	
5/3	祝	～	⇒ ～	
5/4	祝	～	⇒ ～	
5/5	祝	～	⇒ ～	
5/6	祝	～	⇒ ～	

申請企業の情報	申請事業者名（法人名又は個人事業主名）	フリガナ					
		名称					
	中小企業者であることの確認	資本金（又は出資金）	万円	中小企業基本法上の業種		常時雇用する従業員数	人
	申請者の種別	選択 ☐法　人	法人番号				
		☐個人事業主	住所			生年月日	

上記内容に修正が生じた場合には、速やかに再提出してください。
※申請企業の情報欄における「住所」は添付の本人確認資料記載の住所としてください。

（出典）https://www.tokyo-kyugyo.com/downloads/application_form%20.pdf

担当者	担当者名	所属		フリガナ		
				氏名		
	担当者連絡先	固定電話		携帯電話		

対象施設の情報（2か所目以降）

	名称	名称（フリガナ）	住所	電話番号
2				
	営業内容	種類	施設	特記事項
3	名称	名称（フリガナ）	住所	電話番号
	営業内容	種類	施設	特記事項
4	名称	名称（フリガナ）	住所	電話番号
	営業内容	種類	施設	特記事項
5	名称	名称（フリガナ）	住所	電話番号
	営業内容	種類	施設	特記事項

＜下記いずれかにチェックを入れて下さい＞

☐ 専門家による事前確認を行っていません。
☐ 専門家による事前確認を下記の通り行いました。

専門家による事前確認（専門家記載欄）

☐ 東京都感染拡大防止協力金申請書兼事前確認書

☐ 誓約書

☐ 緊急事態措置以前に営業活動を行っていることがわかる書類（写し可）

☐ 業種に係る許可や免許を適正に取得していることがわかる書類（写し可）

※飲食店営業許可証、酒類販売免許　等

☐ 本人確認書類

☐ 休業等の状況がわかる書類

☐ 支払金口座振替依頼書

私は、_____の
本協力金申請に係る申請要件の確認を行いました。

所在地 _____

代表者名・氏名 _____

☐都内の青色申告会　☐税理士　☐公認会計士　☐中小企業診断士

税理士登録番号
公認会計士登録番号　| | | | | | |
中小企業診断士登録番号

（出典）https://www.tokyo-kyugyo.com/downloads/application_form%20.pdf

	事業所目	（名称）			

	全面休業	☐ ４月１６日(木)から５月６日(水)まで、全ての期間休業します。			
取組内容		☐ (1) ４月１６日(木)から５月６日(水)まで、１９時以降に酒類を提供しません。			
		☐ (2) ４月１６日(木)から５月６日(水)まで、以下のとおり営業時間を短縮（休業）します。			

日付		【従来の営業時間】		【期間中の実際の営業時間】	【備考】
4/16	木	～	⇒	～	
4/17	金	～	⇒	～	
4/18	土	～	⇒	～	
4/19	日	～	⇒	～	
4/20	月	～	⇒	～	
4/21	火	～	⇒	～	
4/22	水	～	⇒	～	
4/23	木	～	⇒	～	
4/24	金	～	⇒	～	
4/25	土	～	⇒	～	
4/26	日	～	⇒	～	
4/27	月	～	⇒	～	
4/28	火	～	⇒	～	
4/29	祝	～	⇒	～	
4/30	木	～	⇒	～	
5/1	金	～	⇒	～	
5/2	土	～	⇒	～	
5/3	祝	～	⇒	～	
5/4	祝	～	⇒	～	
5/5	祝	～	⇒	～	
5/6	祝	～	⇒	～	

（左側縦書き：営業時間の短縮（食事提供施設の場合））

※ ２か所目以降の対象施設ごとに営業日や営業時間が異なる場合には、上記表を適宜コピーしてご活用ください。

（出典）https://www.tokyo-kyugyo.com/downloads/application_form%20.pdf

●東京都感染拡大防止協力金申請書兼事前確認書【記入例】

別紙 1

記入例　**東京都感染拡大防止協力金申請書兼事前確認書**

東京都緊急事態措置に伴う休業等の要請に基づき、以下のとおり取り組むため、東京都感染拡大防止協力金を申請します。なお、下記に記載した事項については事実と相違ありません。

令和 2 年 4 月 24 日

東京都知事　殿

申請事業主

〒 163-8001

所在地　**東京都新宿区西新宿２－８－１**

名称　**株式会社東京産業**

代表者職氏名　**代表取締役社長　東京太郎**

記

対象施設の情報	基本情報	フリガナ	カフェマルマルニシシンジュクテン			左記の他に	1 所
		名称	カフェ●●西新宿店	対象施設における具体的な営業内容等を端的に記載してください。		※休業する都内事業所が2か所以上ある場合は、左記以外のその全てを裏面に記載ください。	
		フリガナ	トウキョウトシンジュククニシ				
		住所	東京都新宿区西新宿２－８－１				
	電話番号	03-1234-5678	営業内容	雑貨屋併設喫茶店	特記事項	営業時間短縮の要請のある帳簿等の休業でも事業者ごとに営業時間が異なるため、2店舗目の営業時間を添付	
	業態等	種類	商業施設	施設	喫茶店		

取組内容	全面休業	□ ４月１６日(木)から５月６日(水)まで、全ての期間休業します。

☑ (1) ４月１６日(木)から５月６日(水)まで、１９時以降は休業します。

☑ (2) ４月１６日(木)から５月６日(水)まで、以下のとおり営業（休業）します。

複数の施設等が混在している場合、休業等の要請対象施設は休業を行っていること等を記載してください。

下記取組内容に記載する営業時間の短縮等について、営業日や営業時間等が異なる場合には、別紙で補完してください。

営業時間の短縮（食事提供施設の場合）	日付		【従来の営業時間】			【期間中の実際の営業時間】		
	4/16	木	10:00	～	21:00	⇒	10:00	～ 20:00
	4/17	金	〃	～	〃	⇒	〃	～ 〃
	4/18	土	〃	～	23:00	⇒	〃	～ 〃
	4/19	日	定休日			⇒	定休日	
	4/20	月	10:00	～	21:00	⇒	10:00	～ 〃
	4/21	火	〃	～	〃	⇒	〃	～ 〃
	4/22	水	〃	～	〃	⇒	〃	～ 〃
	4/23	木	〃	～	〃	⇒	〃	～ 〃
	4/24	金	〃	～	〃	⇒	〃	～ 〃
	4/25	土	〃	～	23:00	⇒	〃	～ 〃
	4/26	日	定休日			⇒	定休日	
	4/27	月	10:00	～	21:00	⇒	10:00	～ 〃
	4/28	火	〃	～	〃	⇒	〃	～ 〃
	4/29	祝	〃	～	〃	⇒	〃	～ 〃
	4/30	木	〃	～	〃	⇒	〃	～ 〃
	5/1	金	〃	～	〃	⇒	〃	～ 〃
	5/2	土	〃	～	23:00	⇒	〃	～ 〃
	5/3	祝	定休日			⇒	定休日	
	5/4	祝	10:00	～	22:00	⇒	10:00	～ 〃
	5/5	祝	〃	～	〃	⇒	〃	～ 〃
	5/6	祝	〃	～	〃	⇒	〃	～ 〃

5時から20時までの間に営業を短縮していること等を記載してください。

中小企業基本法上の中小企業者であることがわかるデータ等を記載してください。個人事業主の方は事業主名（屋号等）をお書きください。

申請企業の情報	申請事業者名（法人名又は個人事業主名）	フリガナ	カブシキガイシャトウキョウ											
		名称	株式会社東京産業										
	中小企業者であることの確認	資本金（又は出資金）	300 万円	中小企業基本法上の業種	小売業		常時雇用する従業員数		15 人				
	申請者の種別	☑ 法 人		法人番号	1	2	3	4	5	6	7	8	9	1 2 3 4
		□ 個人事業主		住所									生年月日	

上記内容に修正が生じた場合には、速やかに再提出してください。
※申請企業の情報欄における「住所」は添付の本人確認資料記載の住所としてください。

（出典）https://www.tokyo-kyugyo.com/downloads/application_form_sample.pdf

担当者	担当者名	所属	営業部営業課	フリガナ	トウキョウ	ハナコ
				氏名	東京	花子
	担当者連絡先	固定電話	03-1234-5678	携帯電話	090-1234-5678	

対象施設の情報（2か所目以降）

	名称	名称（フリガナ）	住所	電話番号
2	カフェ●●池袋店	カフェマルマルイケブクロテン	東京都豊島区池袋1－2－3	03-9876-5432
	営業内容	種類	施設	特記事項
	雑貨屋併設カフェ	商業施設	喫茶店	新宿店と同じ
3	名称	名称（フリガナ）	住所	電話番号
	営業内容	種類	施設	特記事項
4	名称	名称（フリガナ）	住所	電話番号
	営業内容	種類	施設	特記事項
5	名称	名称（フリガナ）	住所	電話番号
	営業内容	種類	施設	特記事項

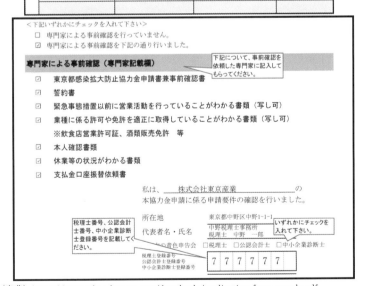

<下記いずれかにチェックを入れて下さい>
☐ 専門家による事前確認を行っていません。
☑ 専門家による事前確認を下記の通り行いました。

専門家による事前確認（専門家記載欄）

下記について、事前確認を依頼した専門家に記入してもらってください。

☑ 東京都感染拡大防止協力金申請書兼事前確認書
☑ 誓約書
☑ 緊急事態措置以前に営業活動を行っていることがわかる書類（写し可）
☑ 業種に係る許可や免許を適正に取得していることがわかる書類（写し可）
　　※飲食店営業許可証、酒類販売免許　等
☑ 本人確認書類
☑ 休業等の状況がわかる書類
☑ 支払金口座振替依頼書

私は、　　株式会社東京産業　　　　　　　の
本協力金申請に係る申請要件の確認を行いました。

所在地	東京都中野区中野1-1-1
代表者名・氏名	中野税理士事務所 税理士　中野　一郎

税理士番号、公認会計士番号、中小企業診断士登録番号を記載してください。

いずれかにチェックを入れて下さい。

税理士登録番号
公認会計士登録番号
中小企業診断士登録番号

☑税理士　☐公認会計士　☐中小企業診断士

7	7	7	7	7

（出典）https://www.tokyo-kyugyo.com/downloads/application_form_sample.pdf

2	事業所目	（名称）	カフェ●●池袋店

取組内容	全面休業	□ 4月16日（木）から5月6日（水）まで、全ての期間休業します。
	営業時間の短縮（食事提供施設の場合）	☑ (1) 4月16日（木）から5月6日（水）まで、19時以降に酒類を提供しません。 ☑ (2) 4月16日（木）から5月6日（水）まで、以下のとおり営業時間を短縮（休業）します。

日付		【従来の営業時間】				【期間中の実際の営業時間】			【備考】
4/16	木	4:00	~	22:00	⇒	5:00	~	20:00	
4/17	金	〃	~	〃	⇒	〃	~	〃	
4/18	土	〃	~	〃	⇒	〃	~	〃	
4/19	日	〃	~	〃	⇒	〃	~	〃	
4/20	月	〃	~	〃	⇒	〃	~	〃	
4/21	火	〃	~	〃	⇒	〃	~	〃	
4/22	水	〃	~	〃	⇒	〃	~	〃	
4/23	木	〃	~	〃	⇒	〃	~	〃	
4/24	金	〃	~	〃	⇒	〃	~	〃	
4/25	土	〃	~	〃	⇒	〃	~	〃	
4/26	日	〃	~	〃	⇒	〃	~	〃	
4/27	月	〃	~	〃	⇒	〃	~	〃	
4/28	火	〃	~	〃	⇒	〃	~	〃	
4/29	祝	〃	~	〃	⇒	〃	~	〃	
4/30	木	〃	~	〃	⇒	〃	~	〃	
5/1	金	〃	~	〃	⇒	〃	~	〃	
5/2	土	〃	~	〃	⇒	〃	~	〃	
5/3	祝	〃	~	〃	⇒	〃	~	〃	
5/4	祝	〃	~	〃	⇒	〃	~	〃	
5/5	祝	〃	~	〃	⇒	〃	~	〃	
5/6	祝	〃	~	〃	⇒	〃	~	〃	

※ 2か所目以降の対象施設ごとに営業日や営業時間が異なる場合には、上記表を適宜コピーしてご活用ください。

（出典）https://www.tokyo-kyugyo.com/downloads/application_form_sample.pdf

●誓約書

誓約書

別紙2

　私は、東京都緊急事態措置に伴う休業等の要請に基づき、「東京都感染拡大防止協力金」の支給を申請するに当たり、下記の内容について、誓約します。

記

<令和2年5月6日以前に申請される方のみ>
・申請書に記載の休業等を必ず実施します。
　なお、対象施設の営業を再開（対象施設の一部の営業の再開も含む。）する場合には、東京都に事前に連絡します。

<以下、申請される全ての方>
・申請要件を満たしています。虚偽が判明した場合は、協力金の返還等に応じるとともに、協力金と同額の違約金を支払います。

・東京都から検査・報告・是正のための措置の求めがあった場合は、これに応じます。

・施設名（屋号）の公表に応じます。

・申請書類に記載された情報を税務情報として使用することに同意します。

・業種に係る営業に必要な許可等を全て有しており、それを証明するものを添付しています。

・代表者、役員又は使用人その他の従業員若しくは構成員等が東京都暴力団排除条例第2条第2号に規定する暴力団、同条第3号に規定する暴力団員、同条第4号に規定する暴力団関係者に該当せず、かつ将来にわたっても該当しません。また、上記の暴力団、暴力団員及び暴力団関係者が経営に事実上参画していません。

・東京都が専門家に内容の確認等を行うことに同意します。

以上

令和　　年　　月　　日

東京都知事殿
　　　所 在 地　_____
　　　名　　称　_____
　　　代表者名　_____
　　※ 法人の代表者又は個人事業主が自署してください。

（出典）https://www.tokyo-kyugyo.com/downloads/written_oath.pdf

●誓約書【記入例】

記入例

別紙2

誓約書

　私は、東京都緊急事態措置に伴う休業等の要請に基づき、「東京都感染拡大防止協力金」の支給を申請するに当たり、下記の内容について、誓約します。

記

<令和2年5月6日以前に申請される方のみ>
・申請書に記載の休業等を必ず実施します。
　なお、対象施設の営業を再開（対象施設の一部の営業の再開も含む。）する場合には、東京都に事前に連絡します。

- -

<以下、申請される全ての方>
・申請要件を満たしています。虚偽が判明した場合は、協力金の返還等に応じるとともに、協力金と同額の違約金を支払います。

・東京都から検査・報告・是正のための措置の求めがあった場合は、これに応じます。

・施設名（屋号）の公表に応じます。

・申請書類に記載された情報を税務情報として使用することに同意します。

・業種に係る営業に必要な許可等を全て有しており、それを証明するものを添付しています。

・代表者、役員又は使用人その他の従業員若しくは構成員等が東京都暴力団排除条例第2条第2号に規定する暴力団、同条第3号に規定する暴力団員、同条第4号に規定する暴力団関係者に該当せず、かつ将来にわたっても該当しません。また、上記の暴力団、暴力団員及び暴力団関係者が経営に事実上参画していません。

・東京都が専門家に内容の確認等を行うことに同意します。

以上

ゴム印等を使用せず、法人の代表者又は個人事業主が自署してください。

日

東京都知事殿
　所 在 地　東京都新宿区西新宿2-8-1
　名　　称　株式会社　東京産業
　代表者名　代表取締役社長　東京太郎
　※ 法人の代表者又は個人事業主が自署してください。

（出典）https://www.tokyo-kyugyo.com/downloads/written_oath_sample.pdf

176

●支払金口座振替依頼書

支払金口座振替依頼書

(新規・変更用)

年　　月　　日

東京都知事　殿

　　東京都から私に支払われる＿＿＿＿東京都感染拡大防止協力金＿＿＿＿は口座振替により受領することを希望します。ついては、今後下記の口座に口座振替の方法をもって振り込んでください。

依頼人 ┌ 住　所
　　　 │　　　　(連絡先電話番号　　　　(　　　)　　　　　　)
　　　 └ 氏　名　　　　　　　　　　　　　　　　　　　　㊞

　　　　　(法人の場合は、法人名及び代表者職・氏名)

振込先金融機関名		本・支店名	金融機関・支店コード	種目	口座番号 (右詰めで記入)
銀行・信用金庫		本店			
信用組合・農協		支店			
口座名義人 (カタカナ) 　　30文字まで					

　　※　種目：預金種目は、次のコードを記入願います。　　：1普通、2当座、4貯蓄

ご注意

1　新規・変更の該当する部分を○で囲んでください。
2　振込先の口座は依頼人ご本人の口座に限ります。　(法人の場合は当該法人の口座に限ります。)
3　変更の場合は変更箇所のみご記入ください。

(出典) https://www.tokyo-kyugyo.com/downloads/account_information.pdf

●支払金口座振替依頼書【記入例】

記入例

支払金口座振替依頼書

(新規・変更用)

令和 2 年 4 月 24 日

東京都知事　殿

　東京都から私に支払われる　　東京都感染拡大防止協力金　　は口座振替により受領することを希望
します。については、今後下記の口座に口座振替の方法をもって振り込んでください。

依頼人
- 住　所　新宿区西新宿2−8−1
- (連絡先電話番号　03　(　1234　)　5678　)
- 氏　名　株式会社東京産業
- 代表取締役社　東京　太郎　　　　　　㊞

(法人の場合は、法人名及び代表者職・氏名)

振込先金融機関名	本・支店名	金融機関・支店コード	種目	口座番号（右詰めで記入）
みずほ　銀行・信用金庫 信用組合・農協	本店 支店	0 0 0 1 1 0 0 1	0 1	1 2 3 4 5 6

口座名義人（カタカナ）　　３０文字まで

カ	)	ト	ウ	キ	ョ	ウ	サ	ン	ギ	ョ	ウ										

＊　種目：預金種目は、次のコードを記入願います。　：１普通、２当座、４貯蓄

ご注意

1　新規・変更の該当する部分を○で囲んでください。
2　振込先の口座は依頼人ご本人の口座に限ります。（法人の場合は当該法人の口座に限ります。）
3　変更の場合は変更箇所のみご記入ください。

178

Step3　専門家の書類確認

　本協力金は、**専門家が申請要件を満たしているか、添付書類が十分かなどについて事前に確認することにより、円滑な申請と支給を目指しています。**

　なお、**専門家による事前確認がなくとも申請いただくことは可能ですが、追加書類の提出を求めたり、確認のための連絡をすることがあるので、支給まで時間を要する場合があります。**

　円滑な申請と支給に向けて、次の専門家の確認を受けていただくようお願いします。

※「東京都感染拡大防止協力金」の事前確認を行う専門家に行政書士が加わりました。ぜひご相談ください。

　（対象となる専門家）　●東京都内の青色申告会
　　　　　　　　　　　　●**税理士**
　　　　　　　　　　　　●**公認会計士**
　　　　　　　　　　　　●中小企業診断士
　　　　　　　　　　　　●行政書士

※これまでに、アドバイスや指導を受けている上記に該当

する専門家がいらっしゃる場合は、その方へ事前確認を依頼してください。

※専門家に依頼した事前確認にかかる費用については、一定の基準により東京都が別に措置いたしますので、そのことを前提に専門家とご協議ください。

※東京都から当該専門家に照会することがあります。

●東京都感染拡大防止協力金申請書兼事前確認書（一部）

<下記いずれかにチェックを入れて下さい>

☐ 専門家による事前確認を行っていません。
☑ 専門家による事前確認を下記の通り行いました。

専門家による事前確認（専門家記載欄）

下記について、事前確認を依頼した専門家に記入してもらってください。

☑ 東京都感染拡大防止協力金申請書兼事前確認書
☑ 誓約書
☑ 緊急事態措置以前に営業活動を行っていることがわかる書類（写し可）
☑ 業種に係る許可や免許を適正に取得していることがわかる書類（写し可）
　　※飲食店営業許可証、酒類販売免許　等
☑ 本人確認書類
☑ 休業等の状況がわかる書類
☑ 支払金口座振替依頼書

私は、　　株式会社東京産業　　　　　　　　　　　の
本協力金申請に係る申請要件の確認を行いました。

税理士番号、公認会計士番号、中小企業診断士登録番号を記載してください。

所在地　　　　　東京都中野区中野1-1-1
代表者名・氏名　中野税理士事務所
　　　　　　　　税理士　中野　一郎

いずれかにチェックを入れて下さい。

☐税理士　☐公認会計士　☐中小企業診断士

税理士登録番号
公認会計士登録番号
中小企業診断士登録番号

7	7	7	7	7	7

Step4　申請

⑴申請受付期間

　令和2年4月22日（水曜日）から同年6月15日（月曜日）まで

⑵申請受付方法

オンライン提出の場合

本協力金のポータルサイトから提出できます。

オンラインでの申請はこちら

（https://www.tokyo-kyugyo-form.com/）

なお、6月15日（月曜日）23時59分までに送信を完了してください。

郵送の場合

申請書類を次の宛先に郵送することで提出することができます。

なお、簡易書留など郵便物の追跡ができる方法で郵送ください。6月15日（月曜日）の消印有効です。

（宛先）

〒163-8697　東京都新宿区西新宿 2 - 8 - 1

　　　　　　都庁第一本庁舎

　　　　　　東京都感染拡大防止協力金 申請受付

※切手を貼付の上、裏面には差出人の住所及び氏名を必ずご記載ください。

持参の場合

申請書類をお近くの都税事務所・支所庁舎内に設置した専用ボックスに投函することで提出ができます。封筒に、「東京都感染拡大防止協力金申請書類在中」と明記してください。

（都税事務所・支所所在地）

→ https://www.tax.metro.tokyo.lg.jp/jimusho.pdf

開庁時間は、 8 時 30 分から 17 時 00 分まで（土、日、祝日を除く）となります。 6 月 15 日（月曜日）の 17 時 00 分までに投函してください。

なお、対面での受付・説明は行いません。ご不明な点は下記の問合せ先で対応させていただきます。

東京都緊急事態措置等・感染拡大防止協力金相談センター（電話）03-5388-0567

（受付時間）午前9時から午後7時まで

　　　　（土、日、祝日も開設しています）

支給の決定

　申請書類を受理した後、その内容を審査の上、適正と認められるときは協力金を支給します。本協力金の支給開始は5月上旬を予定しています。

通知等

(1)申請者については、都からのお願いに対して協力を表明していただいた事業者として、本協力金のポータルサイトにおいて、対象施設名(屋号等)をご紹介します。

(2)申請書類の審査の結果、本協力金を支給する旨の決定をしたときは、後日、支給に関する通知を発送いたします。

(3)一方、申請書類の審査の結果、本協力金を支給しない旨の決定をしたときは、後日、不支給に関する通知を発送いたします。

その他

1　本協力金支給の決定後、申請要件に該当しない事実や不正等が発覚した場合は、東京都は、本協力金の支給決定を取り消します。この場合、申請者は、協力金を返金するとともに、協力金と同額の違約金を支払うこととなります。

2　本協力金支出事務の円滑・確実な実行を図るため、必要に応じて、東京都は、対象施設の休業等の取組に係る実施状況や対象施設の運営等の再開の状況に関する検査、報告又は是正のための措置を求めることがあります。

3　緊急事態措置の期間（令和2年4月11日から令和2年5月6日まで）の内にやむを得ず対象施設の営業を再開（対象施設の一部の営業の再開も含む。）する場合は、必ず事前に東京都緊急事態措置等・感染拡大防止協力金相談センターに連絡してください。（03-5388-0567　午前9時から午後7時まで）

4　東京都は、申請書類に記載された情報を税務情報として使用することがあります。

Q：誰がこの協力金を受け取れるのですか？

A：「東京都における緊急事態措置等」により、休止や営業時間短縮の要請を受けた施設を運営する中小企業（個人事業主を含む）が、休業の要請等に全面的な協力を行った場合に受け取れます。

Q：営業休止要請の対象施設は、具体的にどこで確認できますか？

A：東京都防災ホームページをご覧ください。

Q：4月11日から休業していないと、協力金は支給されないのですか？

A：少なくとも令和2年4月16日から5月6日までのすべての期間において休業（飲食店等の食事提供施設の場合は営業時間の短縮）にご協力をいただければ、4月11日から休業していなくても対象となります。

Q：飲食店の場合、どうすれば協力金の対象となりますか？

A：夜22時まで営業していた店舗が、夜20時までの営業

に短縮するなど、朝5時から夜20時までの間の営業に短縮した場合に対象となります。

この場合に朝5時から夜20時までの間、営業を終日休業した場合も対象となります。

Q：飲食店がテイクアウトサービスに切り替えて営業を継続した場合は、支給対象となりますか？

A：店内飲食の営業時間を短縮し、夜20時から朝5時までの営業を行わない場合は、対象となります。 なお、この時間帯にテイクアウトサービスを行っていても、対象となります。

Q：休業をお願いしている商業施設のうち、100㎡未満の広さの場合は営業可能となっていますが、休業した場合には支給対象となりますか？

A：生活に必要な商品やサービスを提供する店舗以外の店舗や事業所は、原則として休業をお願いしています。
従って、100㎡以下であっても、休業した場合は対象となります。

Q：生活必需品を取扱う施設とは具体的に何ですか？

A：東京都防災ホームページをご覧ください。

Q：百貨店にテナントとして入居していますが、支給対象となりますか？

A：テナントとして入居している中小事業者で、休業あるいは営業時間短縮の対象施設であって、要請に応じて休業等を行っていただければ支給対象となります。

Q：宴会場のあるホテルを全館休業した場合は、支給対象となりますか？

A：宴会場を閉めているので、対象となります。

Q：施設を運営していないが、フリーランスとして休業要請対象となる店舗と契約しています。休業した場合は対象となりますか？

A：休業等の要請をされている施設を運営する事業者に対する協力金であるため、施設を運営していない場合は、対象となりません。

Q：まだ事業を始めたばかりだが、休業に協力した場合、支給対象となりますか？

A：緊急事態措置期間開始より前（2020年4月10日以前）の営業活動が確認できる場合は、対象となります。

Q：休止要請を受けていない業種が自主的に休業した場合は対象となりますか？

A：都の要請に応じていただいた方への協力金ですので、自主的な休業については対象となりません。

Q：施設を運営していなければ支給対象とならないということですが、デリバリーヘルスを営業している場合は、支給の対象となりますか？

A：このような場合、施設を運営していないため、支給の対象となりません。

Q：協力金の支給対象となる期間は、少なくとも4月16日からの全期間休業する必要があるとのことですが、16日は店舗を開けてしまいました。協力金はもらえないのですか？

A：緊急事態措置は4月11日から開始しており、休業要請対象となる施設にはこの間、休業の要請を行ってきました。この全期間、休業いただきたいところではありますが、休業への準備期間を確保し、4月16日から5月6日までの全期間、対応いただける方に支給します。そのため、この事例では支給の対象となりません。

Q：申請書は、どこでどのように提出すればいいのでしょうか？

A：4月22日開設予定のウェブ申請サイトにて、ウェブ申請をいただくことを原則としています。ウェブでの申請が難しい場合は、郵送または持参でも受け付けます。郵送先など、詳細は改めてお知らせします。

Q：いつから支給されますか？

A：営業実態、休業実態の確認・書類審査等を経て、緊急事態措置期間終了後、速やかに支給を開始する予定です。

Q：一つの店舗に休業要請対象と要請対象外の事業が混在しています。この場合は、どうすれば支給対象となりますか？

A：例えば本屋（休業要請対象外）と DVD ／ビデオショップ（休業要請対象）が混在している場合で、DVD ／ビデオショップ部分を明確に区分して休業する場合、支給対象となります。

Q：ライブハウスを運営しています。休業要請に基づき休業し、その間にお客様を入れない形であれば、施設を使用しても協力金の支給対象となりますか？

A：休業期間中、従業員による施設の清掃や設備の改修等
で施設に立ち入っても、営業していることには該当し
ません。

また、無観客で、オンライン配信用のライブを行うこ
とも問題ありません。

ただし、同時に複数の演奏者等を出演させないなど「三
密の状態」を発生させない使用に努めていただくこと
が必要です。

下記の事例を参照ください。

例1）全面的に営業を休止する場合、協力金の支給対
象例

例2）全面的に営業を休止する場合、休業期間中に店
内の改修や清掃を実施しても営業したことには
ならず、協力金の支給対象例

例3）一般向け営業を休止した上で、施設を使ってバ
ンドが無観客演奏し、オンライン配信する場合、
「三密の状態」を発生させない使用であれば、
協力金の支給対象

Q：感染拡大防止協力金の支給を受けて、国の持続化給付
金も受給できますか？

A：国の持続化給付金と都の感染拡大防止協力金は、その

目的等が異なりますので、申請される方が支給要件に該当されれば、どちらも申請することができます。

Q：営業活動を行っていることが分かる書類については、どのようなものを提出する必要がありますか？

A：●令和元年の確定申告書の控え

（電子申告の場合は、「受付結果（受信通知）」又は「申告書等送信票（兼送付書）」、書面申告の場合は、税務署の受付印があるもの）

なお、税務署の受付印がない場合、これから税務署へ行っても受付印は受領できませんので、税務署に行くこと及び問い合わせを行うことは避けてください。

Q：確定申告書の控えに替わる書類はありますか？

A：住民税申告書の控え（電子申告の申告受付完了通知又は受付印のあるもの）でも代替可能です。

Q：令和元年の確定申告書の控えがなければ、何を提出すればよいですか？

A：●平成30年の確定申告書控え

（電子申告の場合は、「受付結果（受信通知）」又は「申告書等送信票（兼送付書）」、書面申告の場合は、税務

署の受付印があるもの)

● 「直近の帳簿」など、申請者それぞれの営業実態に応じた営業活動を行っていることがわかるもの

なお、業種などにより営業実態を表すものは異なりますので、専門家にご相談のうえ、提出ください。

Q：平成30年の確定申告書の控えがない又は確定申告を行っていなければ、何を提出すればよいですか？

A：● 「納税証明書（その2）（注1、2）」

● 「直近の帳簿」など、申請者それぞれの営業実態に応じた営業活動を行っていることがわかるもの

なお、業種などにより営業実態を表すものは異なりますので、専門家にご相談のうえ、提出ください。

　（注1）納税証明書の請求に当たっては、オンライン又は郵送にて請求する方法があります。詳しくは国税庁ホームページをご確認ください。

　（注2）納税証明書（その2）は、確定申告を行っていない場合は発行されません。

【対象施設一覧】（令和2年4月17日19時00分）

お問い合わせの多かった施設は、次の表のとおりです。

1　基本的に休止を要請する施設

種類	施設	休止要請	備考
遊興施設等	キャバレー	対象	【要請内容】 施設の使用停止及び催物の開催の停止を要請（＝休業要請）
	ナイトクラブ	対象	
	ダンスホール	対象	
	スナック	対象	
	バー	対象	
	ダーツバー	対象	
	パブ	対象	
	性風俗店	対象	
	デリヘル	対象	
	アダルトショップ	対象	
	個室ビデオ店	対象	
	ネットカフェ	対象	
	漫画喫茶	対象	
	カラオケボックス	対象	
	射的場	対象	
	ライブハウス	対象	
	場外馬（車・舟）券場	対象	
大学・学習塾等	大学	対象	【床面積の合計が1,000㎡超の施設】 施設の使用停止及び催物の開催の停止を要請（＝休業要請） 【床面積の合計が1,000㎡以下の施設】 施設の使用停止及び催物の開催の停止について協力を依頼（特措法によらない協力の依頼）。ただし、100㎡以下の施設については、営業を継続する場合にあっては、適切な感染防止対策の徹底を依頼
	専修学校（高等専修学校を除く）・各種学校	対象	
	日本語学校・外国語学校	対象	
	インターナショナルスクール	対象	
	自動車教習所	対象	
	学習塾	対象	
	オンライン授業	対象外	
	家庭教師	対象外	
	英会話教室	対象	
	音楽教室	対象	
	囲碁・将棋教室	対象	
	生け花・茶道・書道・絵画教室	対象	
	そろばん教室	対象	
	バレエ教室	対象	
	体操教室	対象	

（出典）https://www.bousai.metro.tokyo.lg.jp/_res/projects/default_project/_page_/001/007/679/2020041702.pdf

お問い合わせの多かった施設は、次の表のとおりです。

1 　基本的に休止を要請する施設

種類	施設	休止要請	備考
運動・遊技施設	体育館	対象	【要請内容】 施設の使用停止及び催物の開催の停止を要請（＝休業要請）
	屋内・屋外水泳場	対象	
	ボウリング場	対象	
	スケート場	対象	
	ゴルフ練習場（※）	対象外	※屋内施設は、使用停止の要請の対象とする。
	バッティング練習場（※）	対象外	
	陸上競技場（☆）	対象外	☆屋外運動施設の観客席部分については、使用停止の要請の対象とする。
	野球場（☆）	対象外	
	テニス場（☆）	対象外	
	柔剣道場	対象	
	弓道場	対象外	
	スポーツクラブ	対象	
	ホットヨガ、ヨガスタジオ	対象	
	マージャン店	対象	
	パチンコ屋	対象	
	ゲームセンター	対象	
	テーマパーク	対象	
	遊園地	対象	
劇場等	劇場	対象	【要請内容】 施設の使用停止及び催物の開催の停止を要請（＝休業要請）
	観覧場	対象	
	プラネタリウム	対象	
	映画館	対象	
	演芸場	対象	

（出典）https://www.bousai.metro.tokyo.lg.jp/_res/projects/default_project/_page_/001/007/679/2020041702.pdf

お問い合わせの多かった施設は、次の表のとおりです。

1　基本的に休止を要請する施設

種類	施設	休止要請	備考
集会・展示施設	集会場	対象	【要請内容】
	公会堂	対象	施設の使用停止及び催物の開催の停止を要請（＝休業要請）
	展示場	対象	
	貸会議室	対象	
	文化会館	対象	
	多目的ホール	対象	
	神社	対象外	
	寺院	対象外	
	教会	対象外	
	博物館	対象	【床面積の合計が1,000㎡超の施設】
	美術館	対象	施設の使用停止及び催物の開催の停止を要請（＝休業要請）
	図書館	対象	
	ホテル（集会の用に供する部分に限る。）	対象	【床面積の合計が1,000㎡以下の施設】
	旅館（集会の用に供する部分に限る。）	対象	施設の使用停止及び催物の開催の停止について協力を依頼（特措法によらない協力の依頼）
	科学館	対象	
	記念館	対象	
	水族館	対象	
	動物園	対象	
	植物園	対象	
商業施設	ペットショップ（ペットフード売り場を除く）	対象	【床面積の合計が1,000㎡超の施設】
	ペット美容室（トリミング）	対象	施設の使用停止及び催物の開催の停止を要請（＝休業要請）
	宝石類や金銀の販売店	対象	
	住宅展示場（集客活動を行い、来場を促すもの）	対象	【床面積の合計が1,000㎡以下の施設】 施設の使用停止及び催物の開催の停止について協力を依頼（特措法によらない協力の依頼）。ただし、100㎡以下の
	古物商（質屋を除く。）	対象	施設については、営業を継続する場合にあっては、適切な
	金券ショップ	対象	感染防止対策の徹底を依頼
	古本屋	対象	
	おもちゃ屋、鉄道模型屋	対象	
	囲碁・将棋盤店	対象	
	DVD/ビデオショップ	対象	
	DVD/ビデオレンタル	対象	
	アウトドア用品、スポーツグッズ店	対象	
	ゴルフショップ	対象	
	土産物屋	対象	
	旅行代理店（店舗）	対象	

（出典）https://www.bousai.metro.tokyo.lg.jp/_res/projects/default_project/_
page_/001/007/679/2020041702.pdf

お問い合わせの多かった施設は、次の表のとおりです。

1　基本的に休止を要請する施設

種類	施設	休止要請	備考
商業施設	アイドルグッズ専門店	対象	【床面積の合計が1,000㎡超の施設】
	ネイルサロン	対象	施設の使用停止及び催物の開催の停止を要請（＝休業要請）
	まつ毛エクステンション	対象	
	スーパー銭湯	対象	【床面積の合計が1,000㎡以下の施設】
	岩盤浴	対象	施設の使用停止及び催物の開催の停止について協力を依頼（特措法によらない協力の依頼）。ただし、100㎡以下の施設については、営業を継続する場合にあっては、適切な感染防止対策の徹底を依頼
	サウナ	対象	
	整体院（※）	対象	
	エステサロン	対象	
	日焼けサロン	対象	※主として利用者が身体機能の維持を目的として利用する施設は、要請の対象外とする。
	脱毛サロン	対象	
	写真屋	対象	
	フォトスタジオ	対象	
	美術品販売	対象	
	展望室	対象	

（出典）https://www.bousai.metro.tokyo.lg.jp/_res/projects/default_project/_
　　　　page_/001/007/679/2020041702.pdf

お問い合わせの多かった施設は、次の表のとおりです。

2　施設の種別によっては休業を要請する施設

種類	施設	休止要請	備考
文教施設	幼稚園	対象	【要請内容】 原則として施設の使用停止及び催物の開催停止を要請
	小学校	対象	
	中学校	対象	
	義務教育学校	対象	
	高等学校	対象	
	高等専修学校	対象	
	高等専門学校	対象	
	中等教育学校	対象	
	特別支援学校	対象	
社会福祉施設等	保育所等（幼保連携型認定こども園を含む）	対象外	【要請内容】 必要な保育等を確保した上で適切な感染防止対策の協力を要請
	学童クラブ	対象外	
	障害児通所支援事業所	対象外	
	上記以外の児童福祉法関係の施設	対象外	【要請内容】 適切な感染防止対策の協力を要請
	障害福祉サービス等事業所	対象外	
	老人福祉法・介護保険法関係の施設	対象外	
	婦人保護施設	対象外	
	その他の社会福祉施設	対象外	

（出典）https://www.bousai.metro.tokyo.lg.jp/_res/projects/default_project/_
　　　page_/001/007/679/2020041702.pdf

お問い合わせの多かった施設は、次の表のとおりです。

3　社会生活を維持するうえで必要な施設

種類	施設	休止要請	備考
医療施設 (※)	病院	対象外	【要請内容】
	診療所	対象外	適切な感染防止対策の協力を要請
	歯科	対象外	※国家資格有資格者が治療を行うもの以外の施設は
	薬局	対象外	使用停止の要請の対象とする。
	鍼灸・マッサージ	対象外	
	接骨院	対象外	
	柔道整復	対象外	
生活必需物資販売施設	卸売市場	対象外	【要請内容】
	食料品売り場（※）	対象外	適切な感染防止対策の協力を要請
	コンビニエンスストア	対象外	※移動販売店舗を含む。
	百貨店（生活必需品売場）	対象外	
	スーパーマーケット	対象外	
	ホームセンター（生活必需品売場）	対象外	
	ショッピングモール（生活必需品売場）	対象外	
	ガソリンスタンド	対象外	
	靴屋	対象外	
	衣料品店	対象外	
	雑貨屋	対象外	
	文房具屋	対象外	
	酒屋	対象外	

（出典）https://www.bousai.metro.tokyo.lg.jp/_res/projects/default_project/_
　　　　page_/001/007/679/2020041702.pdf

お問い合わせの多かった施設は、次の表のとおりです。

3　社会生活を維持するうえで必要な施設

種類	施設	休止要請	備考
食事提供施設	飲食店	対象外	【要請内容】 適切な感染防止対策の協力を要請、営業時間短縮の協力を要請
	料理店	対象外	
	喫茶店	対象外	※営業時間の短縮については、これまで夜8時以降から朝5時までの間に営業している店舗に対して、朝5時から夜8時までの間の営業を要請し、酒類の提供は夜7時までとすることを要請。（宅配・テークアウトを除く。）
	和菓子・洋菓子店	対象外	
	タピオカ屋	対象外	
	居酒屋	対象外	
	屋形船	対象外	
住宅・宿泊施設	ホテル	対象外	【要請内容】 適切な感染防止対策の協力を要請
	カプセルホテル	対象外	
	旅館	対象外	
	民泊	対象外	
	共同住宅	対象外	
	寄宿舎	対象外	
	下宿	対象外	
	ラブホテル	対象外	
	ウィークリーマンション	対象外	
交通機関等	バス	対象外	【要請内容】 適切な感染防止対策の協力を要請
	タクシー	対象外	
	レンタカー	対象外	
	電車	対象外	
	船舶	対象外	
	航空機	対象外	
	物流サービス（宅配等を含む）	対象外	
工場等	工場	対象外	【要請内容】 適切な感染防止対策の協力を要請
	作業場	対象外	
金融機関・官公署等	銀行	対象外	【要請内容】 適切な感染防止対策の協力を要請
	消費者金融	対象外	
	ATM	対象外	
	証券取引所	対象外	
	証券会社	対象外	
	保険代理店	対象外	
	事務所	対象外	
	官公署	対象外	

（出典）https://www.bousai.metro.tokyo.lg.jp/_res/projects/default_project/_page_/001/007/679/2020041702.pdf

お問い合わせの多かった施設は、次の表のとおりです。

3　社会生活を維持するうえで必要な施設

種類	施設	休止要請	備考
その他	理髪店	対象外	【要請内容】
	美容院	対象外	適切な感染防止対策の協力を要請
	銭湯（公衆浴場）（※）	対象外	
	貸倉庫	対象外	※物価統制令の対象となるもの
	郵便局	対象外	
	メディア	対象外	
	貸衣装屋	対象外	
	不動産屋	対象外	
	結婚式場（貸衣装含む）	対象外	
	葬儀場・火葬場	対象外	
	質屋	対象外	
	獣医	対象外	
	ペットホテル	対象外	
	たばこ屋（たばこ専門店）	対象外	
	ブライダルショップ	対象外	
	本屋	対象外	
	自転車屋	対象外	
	家電販売店	対象外	
	園芸用品店	対象外	
	修理店（時計、靴、洋服等）	対象外	
	鍵屋	対象外	
	１００円ショップ	対象外	
	駅売店	対象外	
	家具屋	対象外	
	自動車販売店、カー用品店	対象外	
	花屋	対象外	
	ランドリー	対象外	
	クリーニング店	対象外	
	ごみ処理関係	対象外	

（出典）https://www.bousai.metro.tokyo.lg.jp/_res/projects/default_project/_page_/001/007/679/2020041702.pdf

市区町村独自の融資斡旋制度

今回の新型コロナウイルス感染症の拡大による中小企業者の方々からの資金繰りに関する相談、お悩みの増加に伴い、独自の融資制度を実施し始めた市区町村もあります。

　みなさんも、ご自身の市区町村が行っている融資制度を調べてみてはいかがでしょうか。

　ここでは、港区が行っている特別融資斡旋につきまして、概要を解説します。

特別融資斡旋の概要

【港区の場合】

●趣旨

　区では、2月18日から「新型コロナウイルス感染症に伴う経営に関する特別相談窓口」を設置し、相談を行ってきましたが、資金繰りに関する相談が増加したため、区独自の特別融資斡旋制度を新設し、中小企業者の支援を強化します。

●斡旋期間

　3月4日（水曜日）〜5月29日（金曜日）

●斡旋金額

　500万円以内

●資金使途

　運転資金

●利率

　無利子（区が利子の全額を負担します）

●貸付期間

7年以内（据置1年を含む）

●信用保証料

本融資に伴う信用保証料を区が全額補助します

●対象条件

以下の条件を全て満たしている法人び個人

1. 次に該当する事業者

   新型コロナウイルス感染症の影響で最近1か月の売上高前年同月比で10%以上減少

2. 事業所の規模

   資本金1千万円以下又は、従業員100人（小売業、卸売業、サービス業は30人）以下

3. 事業所の所在地

   法人…港区内に1年以上本店登記と本店での事業の実態があり、かつ同一事業を1年以上営んでいる法人

   個人…港区内で1年以上、同一事業を営んでいること（事業主の住所が港区内に1年以上ある場合は、都内で同一の事業を1年以上営んでいること）

4. 対象業種

   東京信用保証協会の保証対象業種を営んでいること

5．その他

　　港区に納期の到来している特別区民税・都民税（法
　　人は、港都税事務所に法人都民税と法人事業税）を
　　完納していること

【参考URL】

　https://www.city.minato.tokyo.jp/houdou/kuse/koho/
press/202003/20200304_press.html

　その他詳細については、以下にお問合せください。

＜問合せ・予約＞

　月曜〜金曜午前9時〜正午、午後1時〜5時

　電話：03-3578-2560・2561（産業振興課経営相談担当）

＜詳細情報＞

　産業振興課ホームページ（http://www.minato-ala.net/）

【参考】
新型コロナウイルス対策の各種の
独自支援が行われている市区町村

▼東京 23 区

001　渋谷区

緊急経営支援特別資金

（新型コロナウイルス感染症対応）

商工観光課商工観光係　03-3463-1762

001

https://www.city.shibuya.tokyo.jp/jigyosha/syoko_rodo_soudan/

yushijosei/corona_yushi.html

002　新宿区

商工業緊急資金（特例）

新宿区文化観光産業部産業振興課　03-3344-0702

002

https://www.city.shinjuku.lg.jp/jigyo/sangyo01_000001_00011.html

003　品川区

経営変化対策資金

商業・ものづくり課中小企業支援係　03-5498-6340

003

https://www.mics.city.shinagawa.tokyo.jp/yushi_sodan/

korona/1926.html

004　港区
特別融資あっせん
産業・地域振興支援部産業振興課経営相談担当
03-3578-2560

004

https://www.city.minato.tokyo.jp/keieisoudan/tokubetuyuusi.html

005　千代田区
緊急経営支援特別資金
地域振興部商工観光課商工融資係　03-5211-4344

005

https://www.city.chiyoda.lg.jp/koho/shigoto/jigyosho/shien-
coronavirus.html

006　大田区
新型コロナウイルス対策特別資金
大田区産業振興課融資係　03-3733-6185

006

https://www.city.ota.tokyo.jp/sangyo/topics/shingatakotonauirusutaisaku.html

007　足立区
緊急経営資金（新型コロナウイルス対策資金）
産業経済部企業経営支援課相談・融資係
03-3880-5486

007

https://www.city.adachi.tokyo.jp/chusho/koronayuushi.html

008　荒川区

008

新型コロナウイルス対策特別融資

産業経済部経営支援課融資係　03-3802-3111

https://www.city.arakawa.tokyo.jp/smph/sangyo/yushi/yushi_
covid19/corona.html

009　板橋区

009

新型コロナウイルス感染症対策利子補給優遇加算

産業振興課産業支援グループ　03-3579-2172

https://www.city.itabashi.tokyo.jp/bunka/chusho/soudan/1017897.html

010　江戸川区

010

経営向上資金融資（ウイルス緊急対策）

生活振興部産業振興課相談係　03-5662-0538

https://www.city.edogawa.tokyo.jp/e032/shigotosangyo/jigyosha_
oen/sangyo_jigyosya/yushi_nintei/koujou9.html

011　葛飾区

011

新型コロナウイルス対策緊急融資

産業経済課経営支援係　03-3838-5556

http://www.city.katsushika.lg.jp/business/1000071/1022815.html

012　北区

北区新型コロナウイルス感染症対策緊急資金

産業振興課経営支援係　03-5390-1237

012

https://www.city.kita.tokyo.jp/sangyoshinko/yushi_josei/corona.html

013　江東区

新型コロナウイルス感染症対策資金融資

地域振興部経済課融資相談係　03-3647-2331

013

https://www.city.koto.lg.jp/102010/sangyoshigoto/covid19/

kansensho_taisakushikin.html

014　杉並区

新型コロナウイルス感染症対策特例資金

産業振興センター就労・経営支援係

03-5347-9182

014

https://www.city.suginami.tokyo.jp/news/r0202/1058689.html

015　墨田区

新型コロナウイルス感染症緊急対策資金

経営支援課　03-5608-6183

015

https://www.city.sumida.lg.jp/smph/sangyo_matidukuri/sangyo/

yuusi/ta60100020.html

016　世田谷区

緊急特別融資あっせん

公益財団法人世田谷区産業振興公社

03-3411-6603

https://www.city.setagaya.lg.jp/mokuji/shigoto/003/003/d00185236.html

017　台東区

台東区新型コロナウイルス感染症対策特別資金

産業振興課融資担当　03-5829-4128

https://www.city.taito.lg.jp/index/kurashi/shigoto/kinyukeieishien/

yushiseido/tokubetsuseido/taikoro.html

018　中央区

新型コロナウイルス感染症対策緊急特別資金

区民部商工観光課　03-3546-5330

https://www.city.chuo.lg.jp/sigoto/kigyohenoyusi/

kinkyutokubetsusikin.html

019　豊島区

中小企業者の方への信用保証料の補助の拡充

文化商工部生活産業課商工グループ　03-4566-2742

http://www.city.toshima.lg.jp/122/2003101612.html

020　中野区
利子補給による負担軽減

産業観光課産業振興係　03-3228-8729

https://www.city.tokyo-nakano.lg.jp/dept/102500/d028283.html#yuusi

021　練馬区
新型コロナウイルス感染症対応特別貸付

練馬区産業経済部経済課融資係　03-5984-2673

https://www.city.nerima.tokyo.jp/kusei/sangyo/jigyosha/yushi/
coronatokubetu.html

022　文京区
新型コロナウイルス対策緊急資金

経済課産業振興係　03-5803-1173

https://www.city.bunkyo.lg.jp/sangyo/chushokigyo/yuushi/
tokubetusoudanmadoguti.html

023　目黒区
新型コロナウイルス対策緊急融資制度

産業経済・消費生活課経済・融資係　03-5722-9880

https://www.city.meguro.tokyo.jp/kurashi/shigoto/enjo/korona_
yushi_shinnsetu.html

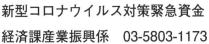

▼政令指定都市

024　大阪市

新型コロナウイルス感染症対策資金

中小企業支援室金融課制度融資グループ　06-6210-9507

024

http://www.pref.osaka.lg.jp/kinyushien/korona/index.html

025　名古屋市

環境適応資金

経済局産業労働部中小企業振興課金融係

052-735-2100

025

http://www.city.nagoya.jp/keizai/page/0000054681.html

026　京都市

新型コロナウイルス対応緊急資金

産業観光局商工部地域企業振興課　075-222-3329

026

https://www.city.kyoto.lg.jp/sankan/page/0000264480.html

027　横浜市

新型コロナウイルス感染症対策特別資金

経済局中小企業振興部金融課　045-671-2592

027

https://www.city.yokohama.lg.jp/business/kigyoshien/yushiseido/
jyouken/keizeihendou-korona.html

028　神戸市

経営活性化資金（新型コロナウィルス対策）

神戸市経済観光局経済政策課　078-360-3205

028

https://www.city.kobe.lg.jp/a31812/press/20200319140303.html

029　北九州市

保証料の利用者負担ゼロ及び貸出金引き下げ

産業経済局雇用・

生産性改革推進部中小企業振興課　093-873-1433

029

https://www.city.kitakyushu.lg.jp/san-kei/k10700022.html

030　札幌市

新型コロナウイルス対応支援資金

札幌中小企業支援センター　011-200-5511

030

https://www.city.sapporo.jp/keizai/center/marusatsu/corona.html

031　川崎市

信用保証料補助等

経済労働局産業振興部金融課　044-544-1846

031

http://www.city.kawasaki.jp/280/page/0000115859.html

032　福岡市

032

福岡市商工金融資金制度等

経済観光文化局経営支援課経営金融係

092-441-2171

https://www.city.fukuoka.lg.jp/keizai/policy_mng/business/coshien.html

033　広島市

033

緊急対応融資（緊急経営基盤強化資金）

経営革新課金融企画グループ　082-513-3321

https://www.pref.hiroshima.lg.jp/soshiki/75/kinkyuukeieikibankyouka.html

034　仙台市

034

保証料の全額補給と融資限度額の引き上げ

経済局地域産業支援課　022-214-1003

http://www.city.sendai.jp/kikakushien/korona-hosyoryohokyu.html

035　千葉市

経営安定関連保証

公益財団法人千葉市産業振興財団総務企画課

043-201-9505

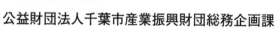

036　さいたま市

036

緊急特別資金融資【新型コロナウイルス対応】

公益財団法人さいたま市産業創造財団支援・

金融課　048-851-6391

https://www.city.saitama.jp/006/014/008/003/008/011/p069973.html

037　静岡市

037

景気変動対策資金

経済局商工部産業政策課中小企業支援係

054-354-2232

https://www.city.shizuoka.lg.jp/553_000070.html#h2_2

038　堺市

新型コロナウイルス感染症関連の

事業者向け支援策

産業振興局商工労働部産業政策課　072-228-7414

https://www.city.sakai.lg.jp/sangyo/shienyuushi/other/corona_

matome.html

039　新潟市

経営支援特別融資

経済部商業振興課　025-226-1629

039

http://www.city.niigata.lg.jp/business/shoko/jorei/yushi/

kashituske/seidoyushi/keieisie-korona20225.html

040　浜松市

ビジネスサポート資金

浜松市役所産業部産業総務課　053-457-2281

040

https://www.city.hamamatsu.shizuoka.jp/sangyosomu/

koronayushi.html

041　岡山市

岡山市体質改善資金融資

（新型コロナウイルス関連）

産業観光局商工観光部産業振興・

雇用推進課中小企業振興室　086-803-1325

041

http://www.city.okayama.jp/keizai/sangyou/sangyou_00629.html

042　相模原市

相模原市中小企業融資制度

産業政策課（企業支援班）　042-769-8237

https://www.city.sagamihara.kanagawa.jp/sangyo/
sangyo/1003291/1019265.html

043　熊本市

中小企業資金繰り支援（利子補給）

経済観光局産業部商業金融課　096-328-2424

https://www.city.kumamoto.jp/hpKiji/pub/detail.aspx?c_
id=5&id=27371&class_set_id=2&class_id=96

おわりに

　最後までお読みいただき誠にありがとうございます。
「はじめに」でも記載した通り、本書では、専門家の立場
からの出版でありながらも、無駄に難しく語ろうとせず、
この未曾有の経済危機下においては、事業者に対して、一
刻も早く・簡潔で・必要十分な資金調達に関する情報が必
要だろうということを第一命題におき、あえて日本政策金
融公庫の「新型コロナウイルス感染症特別貸付」および、
信用保証協会の保証付融資（セーフティネット保証・危機
関連保証）、持続化給付金、東京都感染拡大防止協力金に
絞って記載いたしました。また補論として、市区町村独自
の融資斡旋制度をおつけいたしました。

　この社会的意義あふれる本書の発行を提案いただきまし
たゴマブックス株式会社の皆様、この場をお借りして御礼
申し上げます。

　1人でも多くの事業者の方が、適切な財務戦略のもと、
この窮地を生き延び、再び日本社会及び世界全体の発展に
貢献していただくことを願うばかりです。

　我々、士業専門家は、配送業者の方々のように必要な物
資を運ぶことも、医療機関の方々のように皆さんの治療は
できませんが、このような金融支援を通じて少しでもお力

になれれば幸いです。

　それぞれの持ち場で貢献していければと思います。

「大変な時期ですが一緒に乗り切りましょう‼」

税理士法人 小山・ミカタパートナーズ

公認会計士・税理士

経済産業省認定支援機関

小山晃弘

【参考 URL】

●財務省

https://www.mof.go.jp/financial_system/fiscal_finance/
coronavirusjigyousya/corona-jigyousya.pdf#search='%
E6%96%B0%E5%9E%8B%E3%82%B3%E3%83%AD%E3
%83%8A%E3%82%A6%E3%82%A4%E3%83%AB%E3%8
2%B9+%E8%9E%8D%E8%B3%87'

●経済産業省

https://www.meti.go.jp/index.html

●日本政策金融公庫

https://www.jfc.go.jp/

●株式会社シー・アイ・シー

https://www.cic.co.jp/

●一般社団法人 全国信用保証協会連合会

https://www.zenshinhoren.or.jp/index.html

●中小企業庁

https://www.chusho.meti.go.jp/index.html

●持続化給付金

https://www.meti.go.jp/covid-19/jizokuka-kyufukin.html

https://www.meti.go.jp/covid-19/pdf/kyufukin.pdf

https://www.jizokuka-kyufu.jp/

https://www.meti.go.jp/covid-19/pdf/kyufukin_chusho.pdf

https://www.meti.go.jp/covid-19/pdf/kyufukin_kojin.pdf

https://www.youtube.com/watch?v=r2h035U4lcI&feature=youtu.be

https://www.youtube.com/watch?v=AlIkUy3FAnU&feature=youtu.be

https://www.youtube.com/watch?v=1929nWUWiIs&feature=youtu.be

https://www.youtube.com/watch?v=BPP1ghUEBaM&feature=youtu.be

●東京都感染拡大防止協力金のご案内

https://www.tokyo-kyugyo.com/

●その他

https://www.youtube.com/watch?v=gOgBrsq1JfY

https://www.youtube.com/watch?v=r69MvHUJIYo

https://www.youtube.com/watch?v=cOWhTU23cvI

https://www.youtube.com/watch?v=JugdtTp1WEM

https://www.youtube.com/watch?v=n9PJf2fvxO0

https://www.youtube.com/watch?v=ghdLMgFv_V8

【監修者プロフィール】
小山晃弘（こやま・あきひろ）
公認会計士・税理士
経済産業省認定支援機関

1987年大阪府生まれ。
2010年3月 同志社大学経済学部卒業。
公認会計士試験合格後、有限責任監査法人トーマツへ入所。
主に東証一部上場企業の会計監査や内部統制監査を担当。
有限責任監査法人トーマツにて約4年弱勤務後、拠点を東京に移し、公認会計士・税理士のプロフェッショナル集団である税理士法人小山・ミカタパートナーズを独立開業する。
開業1期目にてクライアントを100社超獲得するなど業界的に異例のスピードで成長し、デッド及びエクイティによる資金調達や、M&A、国際税務にも注力している。
その実績を元に同業である公認会計士・税理士への講演や開業・営業支援コンサルティングも行っている。
現在は、公認会計士・税理士業務として自身の事務所を経営するとともに、未上場会社のCFO、起業プロデュース、書籍・TVのメディア出演や講演・セミナー等、既存の公認会計士像にとらわれない幅広い活動を行っている。
主な著書に『これ1冊で大丈夫！ 仮想通貨の確定申告がわかる本』『資金調達X.0』（ゴマブックス）がある。

税理士法人 小山・ミカタパートナーズ

2014年に東京都港区で開業。
開業1期目で新規クライアントを法人・個人あわせて100社超（108社）を獲得する。従業員数は1期目の段階で6名、2期目には10人に達する。
これは業界的には異例のスピードで、業界紙にも取り上げられる。
2期目には、クライアントの資金調達の際の事業計画書の策定支援に特化した〝ユウシサポ〟というサービスをリリースし、年間問い合わせベースで330件という驚異的な数字を達成した。
2020年4月で第6期目に突入。これまで培った税務顧問業獲得のノウハウの教材化に取り組み、税理士開業パッケージ（DVD）を同業である税理士などに展開し、同業者への開業コンサルティングまで行っている。
また、税理士業界平均年齢が60代と言われ、業界全体のIT遅れが危ぶまれる中、IT分野や海外進出支援等への積極的な参画を行い、培った知識を生かし、IT業界や国際税務に強い税理士集団としてサービス展開を行っている。
■ HP　http://kmp.or.jp

スマホでカンタン!!
検索・登録!

書籍購入代
実質無料
キャンペーン!

スマホで LINE を開いていただき、
下記の LINE ID を検索していただくか、
QR コードを読み込んでご登録ください。

■ LINE　　@947myhrd

(条件)
LINE で登録いただき、
弊社の顧問か、ユウシサポを
受けていただける方

経営・資金調達に
役立つ無料動画
公開中

チャンネル登録を
お願いします。

■ YouTube

資金繰りが不安な事業者必見!!

コロナ危機を生き残る！

新型コロナウイルス感染症対応緊急支援のすべて

2020年6月10日　初版第1刷発行

監　修／小山晃弘（税理士法人 小山・ミカタパートナーズ　公認会計士・税理士・
　　　　　　　　　経済産業省認定支援機関）

発行者／赤井　仁

発行所／ゴマブックス株式会社
　　　　　〒107－0062
　　　　　東京都港区南青山6丁目6番22号

印刷・製本／みつわ印刷株式会社

本文デザイン・DTP／平林隆一郎